Lavandes et plantes aromatiques

Ce petit livre est publié avec le concours
du Conseil régional Provence Alpes Côte d'Azur,
de la société "L'Occitane" (Manosque),
de la "Coopérative des plantes à parfum de Provence" (Simiane).

L'étude faite par le conservatoire de Salagon pour l'"Itinéraire de la lavande"
a reçu l'aide de la Mission du patrimoine ethnologique
(Ministère de la Culture).

Les Alpes de Lumière remercient Gail Fagen et Thilo Dinkel,
qui ont donné une semaine de leurs vacances dans le Midi pour traduire ce texte,
et Odette Dulieu, fidèle relectrice des épreuves de la revue.

DANIELLE MUSSET

Lavandes et plantes aromatiques : un itinéraire de découverte en Haute Provence

Lavender and Aromatic plants : A trail of discovery in Haute Provence

TRADUCTION EN ANGLAIS DE GAIL FAGEN

Lavendel und aromatische Pflanzen

TRADUCTION EN ALLEMAND DE THILO DINKEL

LES ALPES
DE LUMIÈRE
101

Sommaire

Retour des coupeurs de lavande : la famille Moutte à Redortiers (1930).

L'esprit du projet

L'itinéraire proposé par Salagon s'inscrit dans le contexte de la "Route de la lavande" départementale dans laquelle il trouve son prolongement. Le circuit se déroule à l'intérieur du "pays de Forcalquier" qui couvre une vaste zone depuis les plateaux de Vaucluse jusqu'à la vallée de la Durance, entre Lure et Luberon, secteur traditionnel d'étude de l'association Alpes de Lumière et zone d'implantation ancienne de la culture des plantes aromatiques. En une journée (ou deux si on veut se donner le temps de flâner), en voiture, il permet de parcourir les différents milieux écologiques qui se succèdent depuis le bassin de Mane jusqu'aux contreforts de la montagne de Lure : plaine humide, landes et parcours, chênaie de chênes blancs, châtaigneraie de la zone des grès, et jusqu'aux pelouses d'allure alpine et à la hêtraie-sapinière de l'étage montagnard. Une telle diversité biogéographique explique la grande richesse du peuplement végétal : plus de 1 600 espèces différentes de plantes sauvages entre la vallée de la Durance et celle du Jabron (d'après les enquêtes effectuées par l'association EPI).

Si le parcours proposé permet de traverser un grand nombre de milieux et par là d'être confronté à des paysages variés et de rencontrer un grand nombre de végétaux, il est également conçu pour initier le visiteur à la "chaîne opératoire" de la lavande et des aromatiques : depuis la phase de sélection des plantes et à leur mise en culture jusqu'à la distillation, en passant par la récolte. Il autorise également d'aborder la dimension passé-présent en parcourant des zones de forte activité, équipées de distilleries modernes ; et des zones d'ancienne production où le passé a laissé des traces autant sur le terrain que dans les distilleries abandonnées ou dans les mémoires locales.

Dans la mesure où nous avons choisi de privilégier un cheminement géographique continu, permettant d'effectuer une boucle, les différentes phases du travail ne pourront pas toujours être vues dans leur suite logique, d'une part parce que les mêmes cultures se retrouvent d'un point à l'autre du circuit et, d'autre part, parce que chaque commune ou micro-région élabore l'ensemble des opérations autour de la distillerie. (On peut donc observer les mêmes opérations d'une distillerie à l'autre.)

On a essayé d'inclure dans le parcours le plus grand nombre de communes possibles. Seules celles qui se situent trop à l'écart de l'itinéraire n'ont pu être retenues. Mais parmi elles, celles qui présentent un intérêt pour notre propos sont signalées dans le guide.

Un dernier souci a orienté nos choix : mettre en contact le visiteur avec les producteurs susceptibles de les accueillir. Sont donc inscrits dans le circuit ceux d'entre eux qui proposent des animations ou des visites de sites. Le projet répond avant tout à une pédagogie de l'espace et du végétal.

Des encadrés permettent d'en savoir plus sur tel ou tel aspect de la question (données chiffrées par exemple ou informations sur les usages des plantes). Des informations pratiques sont données pour chaque commune : adresse du syndicat d'initiative, heures de visite des distilleries, coopératives de vente, expositions, etc.

Le circuit y est décrit tel qu'on peut le voir en été, de juin à septembre, période de plus grande activité dans le domaine des aromatiques.

Notons cependant qu'établir un circuit de découverte des végétaux et des paysages qu'ils engendrent, présente des difficultés particulières. Les plantations ou les sites n'offrent pas la pérennité de structures bâties. Ils peuvent varier d'une année à l'autre. On pense, entre autres, à la sauge sclarée, plante bisannuelle que les producteurs plantent ou arrachent en fonction des cours. Ceci nous a conduits à orienter le contenu du guide : nous donnons des textes relativement généraux, afin qu'ils puissent rester valables d'une année sur l'autre, en localisant les informations par communes, plus que par points d'observation.

Question de définition

Parler de "Circuit de la lavande, des plantes aromatiques et des plantes à parfum" amène à aborder un très grand nombre d'espèces utiles, cultivées ou cueillies, produites suivant des méthodes artisanales ou quasi-industrielles, destinées à un usage domestique ou artisanal. On n'abordera pas les problèmes de définition (qu'est-ce qu'une plante aromatique, une médicinale, une plante à parfum ?), et on s'accommodera du relatif artifice qu'il y a à différencier des plantes qui souvent ont des usages multiples et qui ne sont placées dans des catégories différentes qu'en fonction d'une définition dépendant plus de leur statut commercial ou industriel que de leurs vertus réelles. Il est néanmoins nécessaire, dans l'optique du circuit, de définir les plantes prises en compte. Nous avons choisi de ne parler que des *plantes aujourd'hui mises en culture* (même si elles ont commencé, autrefois, par être cueillies), ***pouvant donner lieu à distillation*** *et destinées à un usage économique, commercial ou industriel.* Sont donc exclues les nombreuses médicinales ainsi que certaines aromatiques cueillies à usage domestique, ou même ramassées par des cueilleurs professionnels, mais qui ne représentent qu'une production limitée, marginale, fluctuante, et pas forcément ancrées dans une tradition. (Par exemple, les plantes cueillies en petites quantités à la demande de laboratoires de produits homéopathiques.) D'autre part, ces médicinales n'ont pas le caractère spectaculaire des grandes plantations, et il est parfois difficile de les repérer pour qui ne connaît pas le terrain. De plus, certaines sont protégées, et leur faire de la publicité pourrait nuire à leur pérennité.

Introduction

The itinerary we propose is in the area surrounding Forcalquier – the "pays de Forcalquier" as we say here – a region where aromatic plants have been grown for centuries. A couple days drive will take you through successive ecological milieus from the Mane basin up to the foothills of the Montagne de Lure: fertile plains, heaths and grazing heaths, groves of durmast oak, chestnuts of the sandstone region, on to the alpine meadows and beech-fir groves at the base of the mountains. This biogeographical diversity explains the wealth of vegetation to be found in this region: more than 1,600 different wild plant species growing between the Durance and Jabron valleys.

We have mapped out a circuit that will initiate the visitor to the lavender and aromatics process: plant selection and cultivation, harvesting, and distillation. You will also become acquainted with faces of the region's past and present: passing through zones of onetime production where the past has left its trace on the land, in abandoned distilleries, and in the memory of the inhabitants.

The itinerary is described as it appears in the summer, from June to September, the most active period for aromatics. Nonetheless, plantations and sites are not as permanent as buildings; they may change from one year to another.

We have chosen to restrict ourselves to plants *that are **grown** at present* (even if in the beginning they were gathered wild), *that can be **distilled,** and that are for economic, commercial or industrial use.* We have excluded medicinal herbs as well as aromatics ***gathered*** for private or professional use, which represent only a limited, marginal and fluctuating production and are not necessarily anchored in local tradition.

Die Leitgedanken des Vorhabens

Der vorgeschlagene Rundweg bewegt sich innerhalb des "Pays de Forcalquier", eines sehr alten Anbaugebiets von aromatischen Pflanzen. In einem oder zwei Tagen kann man mit dem Auto verschiedene ökologische Pflanzenstandorte besuchen, die von der Ebene von Mane bis zu den Vorbergen der Montagne de Lure sich aneinanderreihen : feuchte Ebene, Steppenheide, Steineichenwälder, Esskastanienwälder der Sandsteingebiete, bis hin zu alpinen Rasen und zum Buchen-Tannenwald der Gebirgsvegetationsstufe. Eine derartige biogeographische Mannigfaltigkeit erklärt den grossen Reichtum der Pflanzenpopulation : mehr als 1 600 verschiedene wilde Pflanzenarten zwischen den Tälern der Durance und des Jabron.

Die Wegstrecke ist so angelegt, dass der Besucher in die Verarbeitungskette des Lavendels und der aromatischen Pflanzen eingeweiht wird : von der Zuchtwahl der Pflanzen über ihren Anbau und ihre Ernte bis zur Destillation.

Die Route erlaubt es überdies, den Problembereich Gegenwart-Vergangenheit anzuschneiden, indem man durch Gebiete starker Aktivität mit modernen Destillerien, aber auch durch Zonen alter Produktion kommt, wo die Vergangenheit ihre Spuren sowohl auf dem Gelände als auch in den Ruinen der aufgelassenen Destillerien oder in den lokalen Überlieferungen hinterlassen hat.

Der Rundweg ist so beschrieben, wie man ihn im Sommer, der Zeit der grössten Aktivität im Bereich der aromatischen Pflanzen, erleben kann. Die Anpflanzungen haben jedoch nicht den Ewigkeitsbestand von Bauwerken und können deshalb von einem Jahr zum andern wechseln.

Wir haben uns darauf beschränkt, nur von denjenigen Pflanzen zu sprechen, die heute in Anbau genommen werden (auch wenn sie ursprünglich wild gesammelt wurden) und die für ökonomische, kommerzielle oder industrielle Zwecke destilliert werden. Es werden also die zahlreichen Heilpflanzen sowie diejenigen aromatischen Pflanzen ausgeschlossen, die für den häuslichen Gebrauch oder auch von Berufssammlern gesammelt werden, da sie nur eine begrenzte, schwankende und nicht notwendigerweise traditionell verankerte Produktion haben.

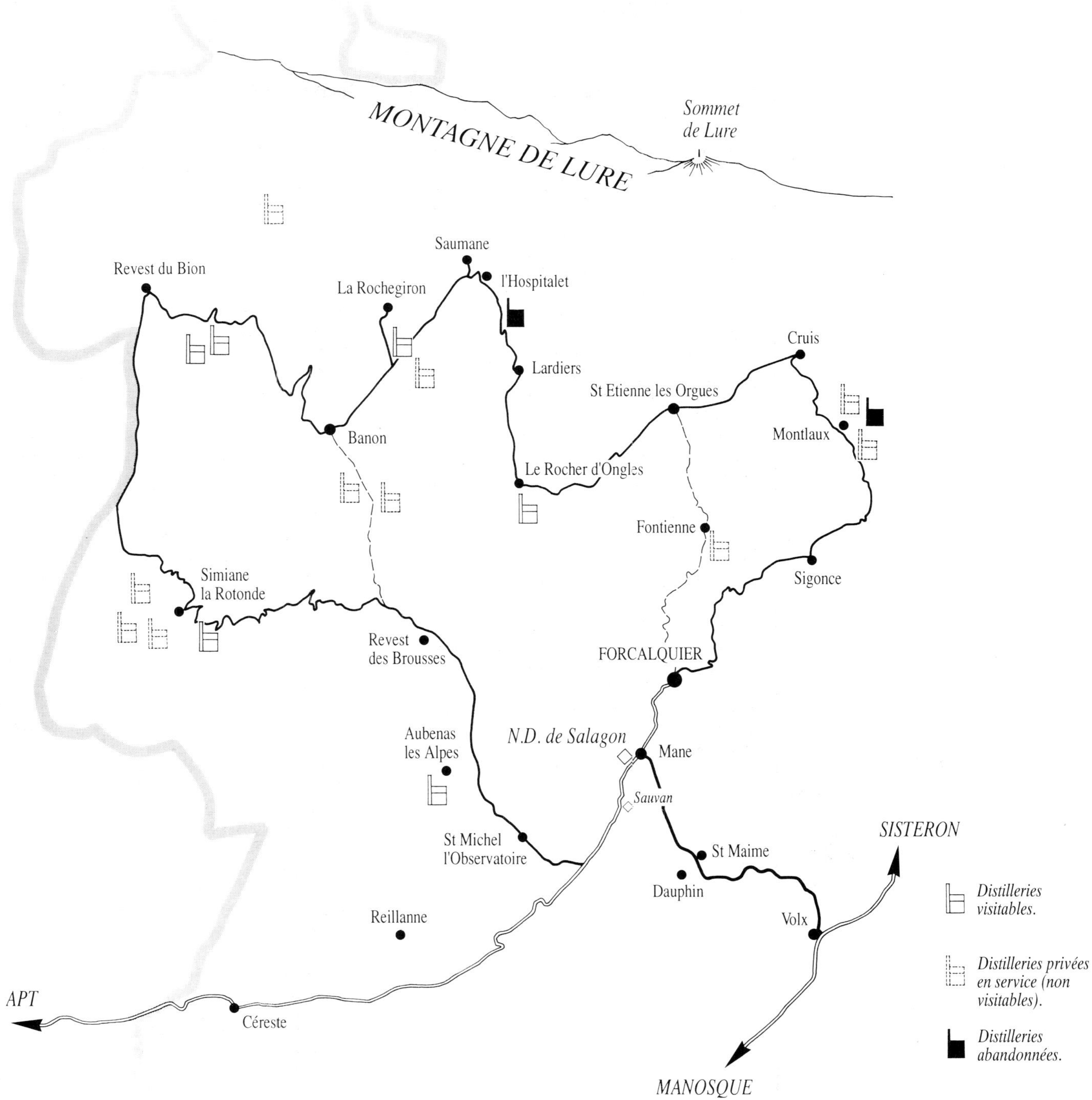
MONTAGNE DE LURE
Sommet de Lure
Revest du Bion
La Rochegiron
Saumane
l'Hospitalet
Lardiers
Banon
Le Rocher d'Ongles
St Etienne les Orgues
Cruis
Montlaux
Fontienne
Sigonce
Simiane la Rotonde
Revest des Brousses
FORCALQUIER
N.D. de Salagon
Mane
Sauvan
Aubenas les Alpes
St Michel l'Observatoire
St Maime
Dauphin
Volx
Reillanne
Céreste
APT
SISTERON
MANOSQUE
Distilleries visitables.
Distilleries privées en service (non visitables).
Distilleries abandonnées.

A gauche : coupeur de lavande,
monts d'Albion, 1974.
Ci-dessus : Antoine Valentino,
artisan fabricant de distillateurs,
à l'entrée de son atelier de Banon (1925).
Etameur, Antoine Valentino à ses débuts
fabriquait des seaux et des arrosoirs
qu'il allait vendre au porte à porte.

A tradition of aromatics in Haute-Provence

Gathering medicinal and aromatic plants in the Haute-Provence for perfumery and pharmacy is an age-old tradition. As early as the 16th century the Provençal historian Garidel mentioned oil of lavender distilled by the Provençal peasants to heal wounds and expel intestinal worms. Herbalists also gathered medicinal herbs in the mountains, especially in the Montagne de Lure, and sold them throughout the region. In the late 19th century, A. Le Béalle wrote about Swiss remedy merchants who set up open-air laboratories to distill aromatic and medicinal herbs. Lavender fields and beekeeping were considered to be activities that went hand-in-hand.

Early this century, planting lavender in poor and deteriorated zones was seen as a solution to rural flight and proposed as a way to supplement income from herding. Natural conditions were favourable and the perfumeries of Grasse, at the peak of their activity, sought to install fields and distilleries in the backcountry. Until that time lavender was merely gathered where it grew wild in "badassières" (aromatics covered heaths) or in "graves" (rocky land). Some people did try to improve their wild harvests by plowing the hills every other year or burning them off, or by recuperating the seeds to plant as crops. The herds that grazed these hills contributed to the balance between man, animals and vegetation: scorning aromatics they grazed the other plants, thus making room for the former to develop.

First experimented before World War I, lavender plantations quickly developed in the 1920s. Wild lavender was gathered as well at that time – "It still brought money in then" they say, and some people remember an ancestor who was able to buy a farm with the profit of one year's harvest. The lavender "boom" even provoked rumours, not necessarily innocent: lavender was allegedly used in gunpowder. And the fact that many factory owners in the Grasse backcountry were German only added grist to the mill.

Plantations of lavandin (hybrid lavender) were introduced around 1930. Lavandin production was extended and several varieties were developed. Despite various periods of crisis, a withering of the plants in 1960, market fluctuations, and competition from imported and synthetic oils, the Haute-Provence is still a major producer of

Eine Entdeckungsreise in der Hochprovence

Das Sammeln von Heil- und Duftpflanzen für Parfümerien und Apotheken ist in der Hochprovence alte Tradition. Schon im 16. Jahrhundert spricht der provenzalische Historiker Garidel von Lavendelessenz, die von den provenzalischen Bauern destilliert und für die Wundbehandlung und als Wurmmittel eingesetzt wird. Zur selben Zeit sammeln Kräutersammler Heilpflanzen in den Bergen, besonders in der Montagne de Lure, und vertreiben sie in der ganzen Gegend. A. Le Béalle berichtet Ende des 19. Jahrhunderts von Schweizer Wundarzneihändlern, die ihre Laboratorien in freier Natur errichten, wo sie aromatische und Heilpflanzen destillieren. Lavendel und Imkerei gehen damals schon eine Symbiose ein.

Zu Beginn des 20. Jahrhunderts wird der Anbau des Lavendels in den verarmten und heruntergekommenen Gebieten als Mittel gegen die Entvölkerung und Verödung des ländlichen Raumes vorgeschlagen und als zusätzliches Einkommen neben der Viehzucht. Die natürlichen Bedingungen sind damals günstig und die seinerzeit in vollem Aufschwung befindlichen Parfümerien von Grasse suchen Kulturen und Destillerien im Hinterland einzurichten. Bis dahin hatte man sich damit begnügt, den wilden Lavendel einzusammeln, der in den "badassières" wuchs, einer Steppenheide aus aromatischen Pflanzen, oder in den "graves", trockenen Schotterflächen. Einige haben jedoch schon Verbesserungen vorgenommen, indem sie alle zwei Jahre die Hügel pflügen, Buschwerk abbrennen oder Samen sammeln, um Kulturen anzulegen. Die Schaf- und Ziegenherden, die die Hügel durchstreifen, unterstützen das Gleichgewicht, das sich damals zwischen Mensch, Tier und Pflanze einstellt : indem die Herdentiere die aromatischen Pflanzenarten verschmähen, sich aber von den anderen ernähren, begünstigen sie die Entwicklung der ersteren.

Nach anfänglichen Versuchen vor dem Ersten Weltkrieg erlebt die Lavendelkultur von den Zwanzigerjahren an einen grossen Aufschwung, während das Sammeln wilden Lavendels weiterbetrieben wird. "Früher", sagt man, "brachte das was ein", und einige zitieren einen Ahnen, der mit dem Ertrag einer einzigen Ernte einen ganzen Hof kaufen konnte. Der "Lavendelboom" gab

Un itinéraire de découverte en Haute Provence

La cueillette de plantes médicinales et aromatiques en Haute Provence, pour la parfumerie et la pharmacie, est une tradition ancienne. Au XVIe siècle déjà, Garidel parle dans son "Histoire des plantes qui naissent aux environs d'Aix et dans plusieurs autres endroits de la Provence", de l'essence de lavande distillée par les paysans provençaux et utilisée pour soigner les plaies et comme vermifuge[1]. A la même époque, des herboristes vont cueillir des plantes médicinales en montagne, Lure surtout, et les colportent dans toute la région. A. Le Béalle, à la fin du XIXe siècle, parle des marchands de vulnéraires suisses, qui établissent en plein vent leurs laboratoires, où ils distillent les plantes aromatiques et médicinales.

Lavande et apiculture sont déjà considérées comme des activités symbiotiques. En 1770, un arrêt du Parlement de Provence tente de protéger l'apiculture en restreignant les coupes de lavande. On y stipule : *"Chaque contrée a ses productions : la lavande en est une pour les habitants de la Haute Provence ; elle leur profite en ce qu'ils ont quantité de ruches à miel ; les fleurs de lavande sont presque la seule nourriture des abeilles jusqu'au mois d'octobre et si cette nourriture leur manque par la coupe de la plante, ces abeilles ne produisent ni essaim ni miel. Or le commerce du miel est d'autant plus avantageux pour cette contrée (...) que le miel qu'elle procure se vend six livres de plus par quintal, vu qu'il est supérieur en qualité. Or, la coupe de la lavande fait mourir la plante et quand il n'y aura plus de plante, le miel et la cire cesseront et aussi la distillation (...). Il faut donc régler la coupe et la distillation. Et en attendant, la Chambre du Parlement fait défense provisoire à toutes personnes de quelque état et qualité qu'elles soient de couper de la lavande dans les montagnes de la Haute Provence et notamment dans celle de Lure... à peine de 500 livres d'amende..."* [2] La coupe et la distillation devaient être déjà des activités importantes pour qu'on se soucie de les réglementer.

Au début du XXe siècle, la mise en culture de la lavande dans des zones pauvres et dégradées est préconisée comme remède à l'exode rural et à l'abandon des campagnes ; elle est proposée comme revenu complémentaire de l'élevage. Les conditions naturelles y sont favorables et les parfumeries grassoises, alors en plein essor, cherchent à implanter cultures et distilleries dans l'arrière-pays. Jusqu'alors, on se contente de ramasser la lavande sauvage qui

lavender, lavandin, and aromatics. Wild lavender, however, is becoming scarce in the hills as the land is given over to intensive farming of aromatics, generally associated with cereal and forage crops. The same goes for the sheep that once grazed there.

Although lavender and lavandin have left the biggest stamp on the landscape of Haute-Provence, other plants were also grown for their oils or medicinal properties. Some of these plants have disappeared but they have been replaced by others, and Haute-Provence is still profoundly linked to its aromatic vegetation.

In 1914 several aromatic and medicinal herbs were exploited in the Department of Basses-Alpes: in addition to lavender the Provençals gathered thyme, mint, wormwood (genepi), absinthe in Lardiers, hyssop in Mélan, and kidney vetch *(Anthyllis vulneraria)* in Feissal. Mint crops were experimented in 1885, and trials were made with the rose of Bulgaria in the early 1900s. In the 30s, clary was grown in Barrême for the major Grasse perfumers. In those years pyrethrum was grown in Gréoux, Valensole, Allemagne, Annot, and 35,000 kgs of linden (compared to 1,000 at present) were harvested in several towns such as Forcalquier, Banon, Saint-Etienne. Between Mane and Céreste, narcissus was even grown as late as 1961 for shipment to Grasse.

The lives of the Provençals were shaped by these plants, and the landscape as well. Who can even remember all the almond orchards that were uprooted to make room for lavandin ? And if the violet mounds of lavender are an integral part of a certain image of Provence, can anyone imagine

sogar Anlass zu einigen nicht ganz astreinen Gerüchten : die Lavendelessenz würde zur Herstellung von Schiesspulver verwendet. Und weil die Deutschen Besitzer von Fabriken im Hinterland von Grasse waren, nahm das Gerücht seinen Lauf.

Um 1930 taucht der Lavandin auf, der nun seinerseits mit seinen vielen produktiven Unterarten eine weite Verbreitung findet. Trotz wiederholter Krisen, trotz der Degenerierung, mit der die Kulturen um 1960 geschlagen werden, trotz der Zufälligkeiten des Marktes und der Konkurrenz importierter oder künstlicher Essenzen, bleibt die Hochprovence auch heute noch die grosse Produzentin von Lavendel, Lavandin und aromatischen Pflanzen. Unterdessen geht der wilde Lavendel auf den Hügeln zurück und werden die Schaf- und Ziegenherden öfters aufgegeben, um sich gänzlich dem intensiven Anbau der aromatischen Pflanzen zu widmen, der gewöhnlich mit dem Getreide- und Futtermittelanbau verbunden wird.

Auch wenn der Lavendel und der Lavandin die vorherrschenden Pflanzungen sind, die der Hochprovence ihren Stempel aufgedrückt haben, so sind doch auch andere Pflanzen wegen ihrer Essenzen oder medizinischen Eigenschaften kultiviert worden. Einige sind verschwunden, andere sind an ihre Stelle getreten, was aber beständig bleibt, ist die Tatsache einer durch die aromatischen Pflanzen geprägten Landschaft.

Im Jahre 1914 werden im Departement Hautes Alpes verschiedene Duft- und Heilpflanzen genutzt : ausser dem Lavendel sammelt man Thymian, echte Minze, "génépi" (Artemisia glacialis, eine Beifussart), im Dorf Lardiers den Wermut (Artemisia absinthium), in Mélan den Ysop und in Feissal den "Thé des Alpes" ("Alpentee" = Wundklee, Anthyllis vulneraria). Anfangs des 20. Jahrhunderts versucht man die Bulgarische Rose anzupflanzen. Um 1930 pflanzt man in Barrème den Scharlach-Salbei für die grossen Parfümiers in Grasse. Zur selben Zeit erzeugt man Pyrethrum in Gréoux, Valensole, Allemagne und Annot, und 35 000 kg Lindenblüten (heute nur noch 1000 kg) werden in zahlreichen Gemeinden wie Forcalquier, Banon, Saint-Etienne gepflückt. Zwischen Mane und Céreste erntet man sogar bis gegen 1961 Narzissen, um die Parfümerien in Grasse zu beliefern.

Alle diese Kulturen haben die Aktivitäten der Menschen beeinflusst. Sie haben in mehr als einer Hinsicht die Landschaft umgeformt. Wer weiss noch, dass man die Mandelbaumpflanzungen

"Journal de Forcalquier", 7 avril 1878.

AVIS AUX PERSONNES QUI CRAIGNENT LES COLIQUES, L'IRRITATION ET LE MAUVAIS GOUT

LE THÉ DES ALPES

d'un goût très-agréable, est le purgatif le plus commode et le plus économique. Il est, suivant la dose, DIGESTIF, RAFRAICHISSANT ou PURGATIF, employé avec succès dans tous les cas où les purgatifs sont indiqués, surtout contre les IRRITATIONS, CONSTIPATIONS, migraines, vertiges, catarrhes, rhumatismes, etc., n'exige aucune préparation et n'occasionne aucun dérangement.

Il est préférable sous tous les rapports, *à l'huile de Ricin, sel d'Angleterre, aloès, etc.*, 1 fr. 25 la boîte avec la brochure.

Dépôt : RECH, Pharmacien à Marseille ; NICOLAS, pharmacien à Forcalquier, et dans toutes les pharmacies. 15.-52

pousse spontanément dans les "badassières" (landes couvertes de plantes aromatiques) ou dans les "graves" (terrains caillouteux). Certains cependant tentent des améliorations en labourant les collines tous les deux ans ou en brûlant cades[3] et buissons, puis en récupérant les graines pour les mettre en culture. Le troupeau qui parcourt ces collines concourt à l'équilibre qui s'établit alors entre l'homme, l'animal et les végétaux : dédaignant pour se nourrir les espèces aromatiques, il élimine les autres végétaux et favorise ainsi le développement des premières.

Expérimentée dès avant la guerre de 1914, la culture de la lavande connaît un grand développement à partir des années 1920, tandis que la cueillette de la lavande sauvage persiste. *"Autrefois"*, dit-on, *"ça rapportait"* et certains citent tel aïeul qui a pu acheter une ferme avec la récolte d'une année. Le "boom" de la lavande suscite même quelques rumeurs, pas toujours innocentes sans doute : elle entrerait, dit-on, dans la fabrication de la poudre à canon. Et comme les Allemands sont alors propriétaires d'usines dans l'arrière-pays grassois... la rumeur va bon train.

Vers 1930 apparaît le lavandin qui à son tour va connaître une grande extension, avec la mise au point de nombreuses variétés productives. Malgré les crises successives, la dégénérescence qui frappe les cultures de lavandin vers 1960, les aléas du marché et la concurrence des essences d'importation et surtout des essences de synthèse, la Haute Provence est toujours grande productrice de lavande, lavandin et plantes aromatiques. Tandis que la lavande sauvage régresse sur les collines et que l'on abandonne parfois les troupeaux pour se consacrer entièrement à la culture intensive de plantes aromatiques, généralement associées aux céréales et aux plantes fourragères.

Si la lavande et le lavandin sont les productions dominantes, celles qui ont marqué de leur empreinte les paysages de Haute Provence, d'autres plantes ont été cultivées pour leurs essences ou leurs vertus médicinales. Certaines ont disparu, d'autres les ont remplacées mais cette permanence demeure d'un pays étroitement marqué par les végétaux aromatiques.

En 1914, on exploite diverses plantes aromatiques ou médicinales dans le département des Basses-Alpes : outre la lavande, on ramasse le thym, la menthe, le génépi, l'absinthe à Lardiers, l'hysope à Mélan, le thé des Alpes *(Anthyllis vulneraria)* à Feissal. On fait des essais de culture de menthe autour des années 1885. Dès le début du XXe siècle, on tente d'implanter la rose de Bulgarie. Dans les années 1930, la sauge sclarée est cultivée pour les grands parfumeurs de Grasse à Barrême. A la même époque, on produit du pyrèthre à Gréoux, Valensole, Allemagne, Annot et 35 000 kg de tilleul (1 000 kg aujourd'hui) sont récoltés dans de nombreuses communes dont Forcalquier, Banon, Saint-Etienne. Entre Mane et Céreste, on récoltera même le narcisse jusqu'en 1961 pour alimenter la parfumerie grassoise.

Toutes ces cultures ont façonné les activités des hommes. Elles ont modelé le paysage à plus d'un titre. Qui sait encore que pour laisser la place aux grandes cultures de lavandin, on a supprimé les vergers d'amandiers[4] ? Si les moutonnements violets des champs de lavande sont devenus indissociables d'une certaine image de la Provence, peut-on encore imaginer ce qu'il y avait avant... et ce que sera l'avenir ? La lavande est-elle vraiment "l'âme de la Haute Provence" comme l'a écrit Giono et comme le proclament aujourd'hui trop de guides ?

"Le Bas-Alpin", 15 septembre 1907.

ORAISON

Culture de la Rose. —M. Galfard, ancien conseiller général, vient de présenter à la Chambre de Commerce de Digne, un rapport sur la culture de la rose et l'importance de cette fleur pour la distillation.

L'industrie de la parfumerie a dû introduire en France, en 1905, 1.433 kilogrammes d'essence de rose, valant en moyenne 800 fr. le kilog. C'est donc une dépense de 3 millions et demie, qui a profité à l'étranger; M. Galfard croit que le climat des Basses-Alpes conviendrait à la culture de la rose, et sur sa proposition, la Chambre de Commerce demande au conseil général de donner mission au professeur départemental d'agriculture d'étudier cette question. Nous félicitons M. Galfard de son initiative, et nous faisons des vœux pour que le succès couronne ses efforts.

what it was like before... or what it will be in the future ? Is lavender really "the soul of the Provence" as Giono wrote or as too many tour guides proclaim ?

Pyrethrum

(Chrysanthemum cinerariaefolium Bocc.)

Pyrethrum was grown in Provence from 1922 until the early 1950s. The extract, pyrethrin, is a highly active insecticide safe for man and animals. Production of pyrethrum ceased with the invention of synthetic insecticides such as DDT. Current needs are covered by plants imported mainly from Kenya.

Narcissus

(Narcissus poeticus L.)

The narcissus growing in prairies was gathered for several years between Apt and Forcalquier, as well as in the Var and Alpes-Maritimes, etc. Women and children collected the plants which were used by the Grasse perfume industry. Nowadays, the narcissus processed in Grasse comes from the Massif Central (Central France).

Provence Rose

Despite competition from Bulgaria, roses are still grown in the Basses-Alpes area, although to a lesser degree than around Grasse. It takes 500 kg of roses to yield 1 kg of concentrate.

beseitigte, um für die grossen Lavendelkulturen Platz zu schaffen ? Wenn heute die violett wogenden Lavendelfelder untrennbar mit einem bestimmten Bild der Provence verbunden sind, kann man sich dann noch vorstellen, was vorher war und in Zukunft sein wird ? Ist der Lavendel wirklich "die Seele der Hochprovence", wie Jean Giono geschrieben hat und wie es nur zu viele Reiseführer heute verkündigen ?

Das Pyrethrum

(Chrysanthemum cinerariaefolium Bocc.)

Wurde in der Provence seit 1922 rund dreissig Jahre lang angepflanzt. Man extrahiert aus der Pflanze das Pyrethrin, ein sehr wirksames Insektenvernichtungsmittel, das aber für Mensch und Tier ungefährlich ist. Die Pyrethrumpflanzungen wurden eingestellt, als synthetische Insektizide wie das DDT auf den Markt kamen. Der heutige Bedarf an dieser Pflanze wird grösstenteils aus Kenia importiert.

Die Narzisse

Für den Bedarf der Parfümerien in Grasse wurden während vieler Jahre in den Wiesen zwischen Apt und Forcalquier, im Var, in den Alpes Maritimes usw. Narzissen (Narcissus poeticus L.) *gesammelt. Das Pflücken mobilisierte Frauen und Kinder. Heute kommen die in Grasse verarbeiteten Narzissen aus dem Massif Central.*

Die Mairose

Obwohl sie nicht die Bedeutung der Rosenkulturen in der Gegend von Grasse erreichen, haben sie sich doch bis heute in den Basses Alpes gehalten, trotz der Konkurrenz aus Bulgarien. Man braucht 500 kg Rosen für 1 kg Konzentrat.

A gauche : champ de pyrèthre. Ci-contre : Rose de Provins.

Le pyrèthre

(Chrysanthemum cinerariaefolium Bocc.)

Il a été cultivé en France à partir de 1922 pendant une trentaine d'années, dans les sols secs des Bouches-du-Rhône, du Vaucluse, de la Drôme. Dans les Basses-Alpes, on en produisait à Gréoux, Valensole, Allemagne, Annot. De la plante, on extrait des pyréthrines par dissolvants volatils. C'est un insecticide très actif, non toxique pour les hommes et les animaux. Le pyrèthre a cessé d'être cultivé quand on a mis au point des insecticides de synthèse comme le DDT. Les besoins actuels sont couverts par des plantes importées en grande partie du Kenya.

Sur le plateau de Valensole, M. R. se souvient :

"Des courtiers de Grasse sont venus, ils ont donné des graines. Après on a fait les plants nous-mêmes. On produisait sous contrat. On ne savait pas où ça allait, à quoi ça servait. On le cultivait en raies, comme la lavande, et on le récoltait à la faucille. On allait couper le matin de bonne heure ou le soir tard à cause de l'odeur qui donnait des maux de tête. On le vendait en bottes. Ça rapportait. Quelqu'un venait de Grasse pour prendre la récolte. Ça s'est arrêté du jour au lendemain, on n'a jamais su pourquoi."

Le Narcisse

Pour les besoins de la parfumerie grassoise, le narcisse (Narcissus poeticus L. ou *Narcisse des poètes) sera récolté dans les prairies pendant de nombreuses années, entre Apt et Forcalquier, ainsi que dans le Var (massif des Maures, Brovès, Comps, Tourtour, Aups, Montmeyan), les Alpes-Maritimes (Seranon, Caussols), les Basses-Alpes (Castellane, Moustiers), etc. Chaque année, vers la fin avril, la récolte mobilise alors femmes et enfants pendant une quinzaine de jours. Tous les deux jours, les narcisses sont expédiés sur Grasse pour être transformés en "concrète" (voir p. 16). La cueillette s'est arrêtée dans les années 1960. Aujourd'hui, le narcisse traité à Grasse provient du Massif central.*

La Rose de Mai

Au début du siècle, la Chambre de commerce de Digne tente de promulguer la culture de la rose : "Il est intéressant d'appeler l'attention des cultivateurs et des distillateurs de ce département sur la culture et sur la distillation de la rose, qui, sous notre climat, se rapprochant beaucoup de celui de la Bulgarie, pourraient être pour eux une source importante de revenus[5]". *Bien que n'atteignant pas l'importance des cultures de la région de Grasse, les cultures de roses, dans les Basses-Alpes, se maintiendront jusqu'à nos jours, malgré la concurrence de la Bulgarie. Les roses sont traitées par dissolvants volatils pour obtenir la concrète de roses. Il faut 500 kg de roses pour 1 kg de concrète.*

Salagon

Au cœur de la plaine de Mane, le prieuré bénédictin de Salagon conserve du XIIe siècle son église double à laquelle a été accolé au XVe siècle un logis de prieur commendataire. Réduit à l'état de ferme après la Révolution, Salagon a été acquis en 1981 par la collectivité (aujourd'hui, Département des Alpes-de-Haute-Provence), restauré et confié à l'association Alpes de Lumière pour y installer le Conservatoire du Patrimoine ethnologique de la Haute Provence.

Salagon est un lieu important de recherche autour de l'ethnologie, un centre de documentation, un centre culturel : un petit musée de la vie rurale, des expositions thématiques y sont organisées. Chaque année, de juillet à septembre, l'association Alpes de Lumière y organise un programme culturel baptisé *L'Eté à Salagon,* qui offre des concerts, du cinéma, des sorties de découverte, une grande randonnée, des chantiers de volontaires, des stages de formation et des chantiers d'étude.

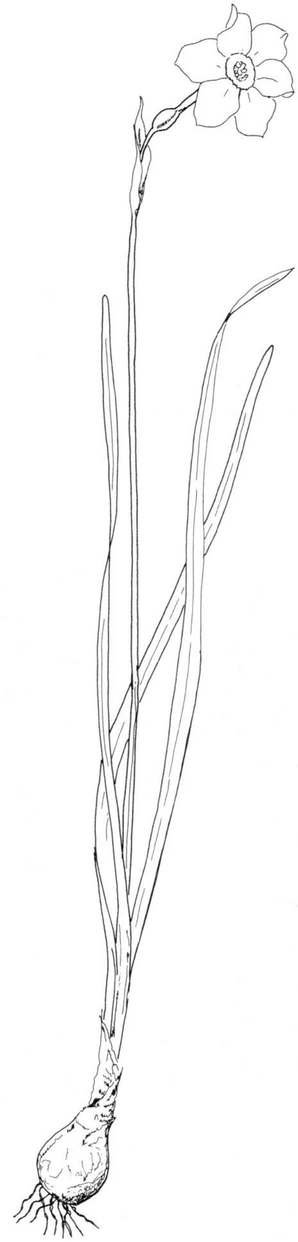

Narcisse des poètes.

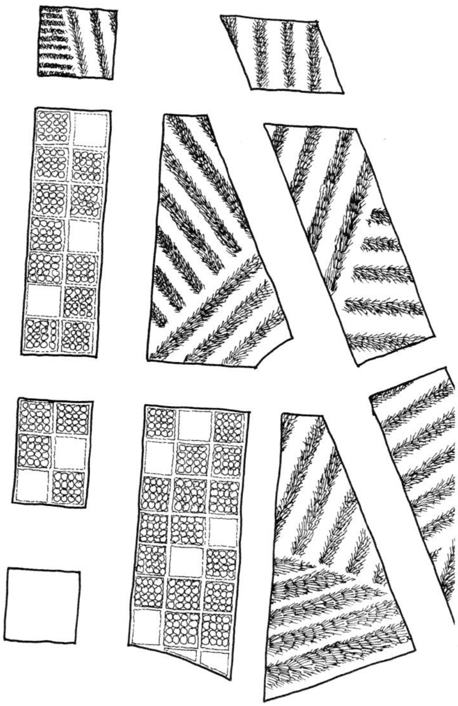

Le jardin des plantes aromatiques et à parfum de Salagon : esquisse du plan, état des espèces plantées (été 1989).

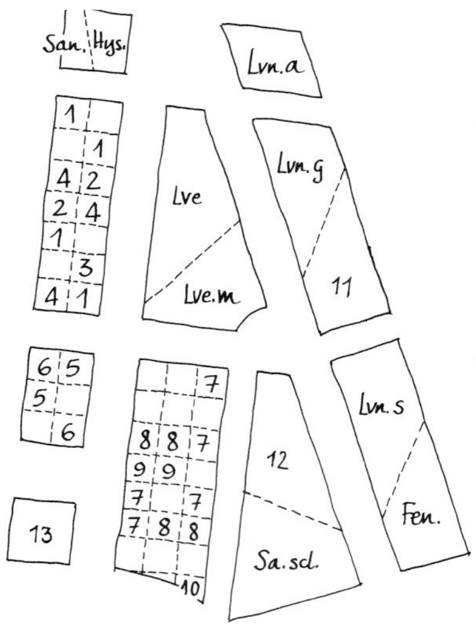

The gardens of Salagon - coming together of plants and man...

The grounds of the ancient Benedictine priory of Salagon have been progressively arranged in ethnobotanical gardens. The aim is to illustrate the relationship between the traditional (and present-day) Haute-Provençal society and its plant environment. A visit to the gardens will initiate you into some of the secrets of the Haute-Provençal flora and enable you to discover the many aromatic herbs and plants growing in the region.

Let's begin our visit with the ***Medieval Garden.*** This is not a reconstructed garden, rather a modern creation attentively patterned along medieval texts and illustrations. The medieval garden fulfilled many functions: to feed, heal, and foster meditation. They contained both vegetables and flowers, aromatics or medicinal herbs.

To the south of the priory the ***Jardin des Simples*** (Medicinal Herb Garden) displays a whole range of plants used in Haute-Provence: herbs for human and veterinary medicine, aromatic herbs and seasonings, plants used in magic or children's games, ornamental and textile plants, etc. Until recently, the Haute-Provençals employed about 160 of the 1,600 plants identified between the Lure and Luberon mountains, which demonstrates a deep knowledge of local flora.

In the summer of 1989 the ***Garden of Aromatic and Fragrance Plants*** was set up in a plot southeast of the monument. Strolling through the garden you will learn to identify the plants you will meet in your visit through Haute-Provence: the three varieties of lavender (officinalis, aspic, lavandin), three types of sage: clary *(salvia sclarea)*, sage *(salvia officinalis)* and meadow clary *(salvia pratensis)*, different varieties of mint, thyme, hyssop, savory, etc...

En rangées : ***San.****, Santoline (composée).* ***Hys.****, Hysope.* ***Lve****, Lavande fine.* ***Lve.m.****, Lavande maillette.* ***Lvn.a.****, Lavandin abrial.* ***Lvn.g.****, Lavandin grosso.* ***Lvn.s.****, Lavandin super.* ***Fen.****, Fenouil (ombellifère).* ***Sa.scl.****, Sauge sclarée.*
En carrés : ***1****, Sarriette.* ***2****,* ***3****, Thym rouge.* ***4****, Serpolet.* ***5****, Estragon (composée).* ***6****, Basilic.* ***7****, Sauge officinale.* ***8****,* ***9****, Menthe poivrée, variété du Chaffaut.* ***10****, Mélisse. [Les espèces et variétés sans mention de famille sont des labiées.]*
*En préparation pour 1990 : Lavandin Sumian (****11****), Lavande matheronne (****12****), Rose de mai (****13****) ; et dans les carrés, Menthe poivrée mitcham, Thym citronné.*

Im Garten von Salagon begegnen die Pflanzen dem Menschen

Um das alte Benediktinerpriorat Salagon herum wird der Boden der Domäne Stück um Stück in einen ethnobotanischen Garten verwandelt. Man versucht hier, die Beziehungen der traditionellen (und heutigen) Gesellschaft der Hochprovence zu ihrer pflanzlichen Umgebung darzustellen. Sie können sich mit einigen Geheimnissen der Flora der Hochprovence vertraut machen, die aromatischen und Parfüm liefernden Pflanzen entdecken, die in dieser Gegend so zahlreich sind.

Beginnen wir unseren Besuch mit dem ***mittelalterlichen Garten*** (Jardin médiéval). Es handelt sich nicht um eine Wiederherstellung, sondern um eine Neuschöpfung, die sich genau von Texten und Illustrationen des Mittelalters inspirieren liess. In dieser Zeit hatte ein Garten verschiedene Funktionen zu erfüllen : ernähren, heilen und zur Meditation verhelfen. Man findet deshalb dort sowohl Gemüse als auch Blumen, aromatische Pflanzen als auch Heilpflanzen.

Im Süden der Gebäude zeigt der ***Garten der Heilkräuter*** (Jardin des Simples) die ganze Skala der Nutzpflanzen der Hochprovence : Heilkräuter der Human- und Tiermedizin, Duft- und Gewürzpflanzen, Pflanzen für magische Praktiken oder für Kinderspiele, Faser- (Textil) oder Schmuckpflanzen usw. Bis in neuere Zeit nutzte die Bevölkerung der Hochprovence rund 160 Pflanzen von den 1 600 Arten, die man zwischen Lure und Lubéron registriert hat. Das ist 1/10 der Gesamtzahl und beweist, wie gut man die Flora kannte.

Seit dem Sommer 1989 hat ein ***Garten der Duft- und Parfümpflanzen*** auf einer Parzelle südöstlich des Bauwerks das Tageslicht erblickt. Wenn Sie ihn durchwandern, können Sie drei verschiedne Arten von Lavendel identifizieren : den schmalblättrigen, echten Lavendel (Lavandula officinalis), den breitblättrigen (Lavandula latifolia), sowie den Lavandin, drei Arten von Salbei (Scharlachsalbei, echten Salbei und Feldsalbei), verschiedene Arten von Minze, Thymian, Ysop, Pfefferkraut usw., so dass Sie diese nachher bei Ihren Ausflügen erkennen und unterscheiden können.

Au jardin de Salagon, les plantes rencontrent l'homme...

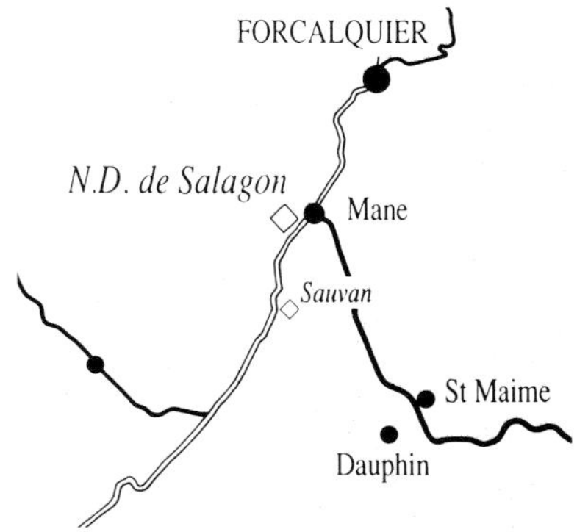

Autour du prieuré, les terres du domaine sont progressivement aménagées en jardin ethnobotanique. Pourquoi "ethnobotanique" ? parce que le jardin, tout en accueillant les principaux éléments de la flore régionale, souhaite illustrer les relations de la société haut-provençale traditionnelle (et actuelle) avec son environnement végétal. Relations très variées qui s'expriment aussi bien dans les modes de gestion de l'espace pastoral que dans les appellations populaires des plantes, la connaissance et l'usage des remèdes végétaux, des plantes alimentaires sauvages, les survivances de variétés légumières et fruitières propres au pays, etc.[6]

C'est dans ce jardin que vous serez initiés à quelques-uns des secrets de la flore de Haute Provence. C'est ici que d'abord vous découvrirez les aromatiques et les plantes à parfum si nombreuses dans ce pays. Certaines vous semblent familières : la lavande, le thym... Mais êtes-vous sûrs de les connaître vraiment ?

Commençons la visite par le ***Jardin médiéval.***

Il ne s'agit pas d'une reconstitution, car aucun document ne nous apprend ce que pouvait être le jardin de Salagon au Moyen Age, mais d'une création moderne qui s'inspire attentivement des textes et des illustrations de l'époque médiévale. Le plan rigoureux, les buis, les plates-bandes bordées de planches, les treillages de bois, les colonnes aux plantes grimpantes : tous ces éléments ont leur équivalent dans les enluminures. A cette époque, le jardin répondait à plusieurs fonctions : nourrir, soigner, aider à la méditation. On y trouvait donc aussi bien des légumes que des fleurs, des plantes aromatiques ou des médicinales. A l'intérieur du jardin médiéval, nous avons choisi de ne présenter que des plantes qui étaient déjà connues avant la Renaissance et nous les avons regroupées par thème. C'est donc d'abord pour leur valeur historique qu'ont été selectionnées les plantes du jardin. Condiments et aromates comme le cresson alénois ou le raifort, légumes et "herbes à cuire", plantes ornementales, plantes médicinales ou herbes magiques, ont leur place au jardin de Salagon pour suggérer l'allure, la diversité végétale, le charme ou les mystères des jardins à la fin du Moyen Age, avant la découverte du Nouveau Monde[7]. On y retrouve aussi certaines des médicinales et des aromatiques poussant à l'état spontané ou mises en culture en Haute Provence (thym, hysope, santoline, lavande, estragon, etc.). On y apprend que ces plantes ont suscité l'intérêt des hommes depuis des temps forts anciens et pas seulement en Provence, qu'elles ont pu avoir, en d'autres temps, des usages aujourd'hui oubliés.

Le jardin médiéval rappelle l'ancienneté et la diversité du savoir des hommes sur ces plantes que l'on cueille encore ou que l'on cultive de nos jours pour la richesse de leurs propriétés. Faut-il rappeler que la lavande vient du latin "lavare" (laver) et que les Romains l'employaient pour parfumer leur bain, ou que la sauge est célébrée par une maxime de l'Ecole de Salernes, au XIIIe siècle, qui dit : *"Pourquoi meurt-il l'homme qui a de la sauge en son jardin ?"*

Chaque parterre est équipé de petits panneaux expliquant l'usage des plantes au Moyen Age. Des étiquettes donnent les noms de chaque plante du jardin.

A l'opposé du jardin médiéval, au sud des bâtiments, le ***Jardin de Simples*** donne à voir la gamme des plantes utiles de Haute Provence : plantes médicinales de la médecine humaine et vétérinaire, plantes aromatiques et condimentaires, plantes des pratiques magiques ou des jeux d'enfants, plantes textiles ou ornementales, etc.

Plant conservation

Many of the plants in the gardens of Salagon grow wild in the hills of Haute-Provence. Increasingly, however, the most popular are now planted. Among other advantages, this protects sites and conserves the wild varieties. In earlier times, gatherers of the Lure region had their own self-imposed conservation method; they left two of every three plants standing.

The plains of Mane: Once upon a time – peppermint

A fertile plain stretches between Dauphin and Mane. It is well-irrigated and good for large-scale farming: today maize, melons and forage crops are planted there. But from 1955 to 1968 mint was grown. A dozen farmers grew peppermint in the best irrigated fields, which they sent to Montlaux for distillation before selling the essence to the food and para-pharmaceutical industries.

Mint production came to a halt when "they went from horses to tractors", for it required equipment that was archaic but perfectly suited to meticulous work: the horse and plough... and a good deal of manpower.

"Journal de Forcalquier", avril 1886.

ALCOOL DE MENTHE DES ALPES

A. NICOLAS

Contre : *Attaques en général, vapeurs, vertiges, coliques, indigestions, vomissements, maladies nerveuses crampes d'estomac, diarrhée, choléra, etc. etc.*

Mode d'emploi : *Quelques gouttes sur un morceau de sucre, et selon le cas, une cuillerée à café plusieurs fois par jour.*

Prix 0,50, 1 et 2 fr. le flacon.

Dépôt général chez M. NICOLAS, pharmacien à Forcalquier et dans toutes les pharmacies.

PILULES DES ALPES

A. NICOLAS

Contre : *Glaires, bile, humeurs, etc.*

Pflanzenschutz

Viele der Pflanzen des Gartens von Salagon finden sich im Naturzustand auf den Hügeln der Hochprovence. Immer mehr werden jedoch die am meisten verlangten Pflanzen auch kultiviert. Das verhindert unter anderem die Zerstörung der natürlichen Standorte und trägt zu ihrem Schutz bei. Früher beschränkten sich die Kräutersammler darauf, nur jede dritte Pflanze zu pflücken.

Die Ebene von Mane : Früher die Englische Minze

Zwischen Dauphin und Mane erstreckt sich eine fruchtbare, gut bewässerte Ebene, die für Grosskulturen geeignet ist : heute Mais, Melonen und Viehfutter Wissen Sie aber, dass man hier zwischen 1955 und 1968 Minze erzeugt hat ? Auf den am besten bewässerten Böden hat ein Dutzend Landwirte die Englische Minze produziert, die man in Montlaux destillieren liess, bevor man die Essenz an die Nahrungsmittelindustrie oder an Hausmittelproduzenten verkaufte.

Der Minzeanbau wurde eingestellt, als man "von den Pferden zu den Traktoren überging", denn der Minzeanbau verwendete archaische Werkzeuge, die aber für ein genaues Arbeiten gut geeignet waren : den Pflug und das Pferd und viel Handarbeiter.

Die Minze

Man unterscheidet 5 verschiedene Arten von wilder Minze in Frankreich; aber die Zahl der angebauten Arten ist viel grösser, da man viele Varietäten gezüchtet hat.
Die Englische Minze oder Mitcham-Minze, die man in der Hochprovence seit Ende des 19. Jahrhunderts angepflanzt hat, ist eine Abart der Pfefferminze (Mentha piperata Huds). *Diese Kulturen existieren immer noch im Tal der Asse und in der Haute Bléone (Bras d'Asse, Mézel, Le Chaffaut), aber sie sind in den letzten zwanzig Jahren stark zurückgegangen wegen des aufwendigen Anbaus und der Marktschwankungen, auch wenn die provenzalische Minze wegen ihres "Bouketts" gesucht ist.*
Das Menthol, das man aus der Pflanze auszieht, wird heute besonders von der Nahrungsmittelindustrie verwendet (Liköre, Sirups, Zuckerwaren), sowie für Arzneimittel (verschiedene antiseptische pharmazeutische Spezialitäten, Stimulantien, Schmerzmittel). In den Hausgärten zieht man auch die grüne Minze (Mentha spicata

Jusqu'à une date récente, les Hauts-Provençaux utilisaient environ 160 plantes sur les 1 600 dénombrées entre Lure et Luberon, soit 1/10e du total, ce qui dénote une très grande connaissance de la flore[8]. Beaucoup de ces plantes sont présentées dans ce jardin, centré sur la pharmacopée populaire de Haute Provence. C'est ici que vous pourrez saisir l'ancrage des aromatiques dans une tradition ancienne, parfois tout à fait locale, ainsi que les multiples usages qu'elles recevaient dans la vie quotidienne des habitants du pays.

Chaque végétal a reçu une étiquette donnant, outre ses noms français et latin, la famille à laquelle il appartient et son origine, son nom provençal et ses divers usages représentés par des symboles. Des panneaux donnent les informations nécessaires en présentant plantes et usages par milieu.

Pour le visiteur désireux d'en savoir plus, les associations EPI et Alpes de Lumière qui sont à l'initiative de ces jardins, ont édité une petite brochure, *"Au jardin de Salagon, les plantes rencontrent l'homme"*, qui reprend l'ensemble des informations plante par plante.

A partir de l'été 1989, un ***jardin des plantes aromatiques et des plantes à parfum*** a vu le jour sur une parcelle au sud-est du monument. Les principales aromatiques cueillies ou cultivées dans notre région y trouveront leur place, avec leurs différentes variétés, mises au point depuis une cinquantaine d'années. En parcourant ce jardin, vous pourrez identifier les trois sortes de lavande (officinale, aspic et lavandin), la sauge sclarée, en la différenciant de la sauge officinale ou de la sauge des prés, les différentes variétés de menthe, le thym, l'hysope, la sarriette, etc., que vous pourrez voir et reconnaître ensuite au cours de vos promenades.

Protéger les végétaux

Beaucoup, parmi les plantes du jardin de Salagon, se trouvent à l'état spontané dans les collines de Haute Provence. Des cueilleurs professionnels en récoltent certaines. Mais de plus en plus, les plantes les plus demandées sont mises en culture. Cela évite, entre autres, de ravager les sites et contribue à leur protection. Autrefois, les cueilleurs de la région de Lure s'imposaient de ne cueillir qu'une plante sur trois. Dans la Drôme, la cueillette du thym a dû être réglementée. Et savez-vous que par le passé, la récolte abusive de l'hysope dans la vallée du Jabron, y a fait disparaître cette espèce ?

La plaine de Mane : menthe anglaise d'autrefois

Entre Dauphin et Mane s'étend une plaine fertile, bien irriguée, propice à la grande culture. Ce territoire, appelé aussi Plaine du Quadrilatère, partagé entre les 4 communes de Saint-Michel, Dauphin, Saint-Maime et Mane, a été jalousement disputé autrefois entre les communautés. Dans les années 1960, il a fait l'objet d'importantes mesures de remembrement et d'un programme d'irrigation (barrage de la Laye) qui autorise aujourd'hui l'arrosage par aspersion. Les cultures de maïs, de melon ou de fourrage ont peu à peu remplacé les céréales. Mais savez-vous qu'on y a produit de la menthe entre 1955 et 1968 ? Sur les terres les mieux irriguées, une douzaine d'agriculteurs ont cultivé la menthe anglaise que l'on allait ensuite distiller à Montlaux, avant d'en vendre l'essence pour l'industrie alimentaire ou para-pharmaceutique.

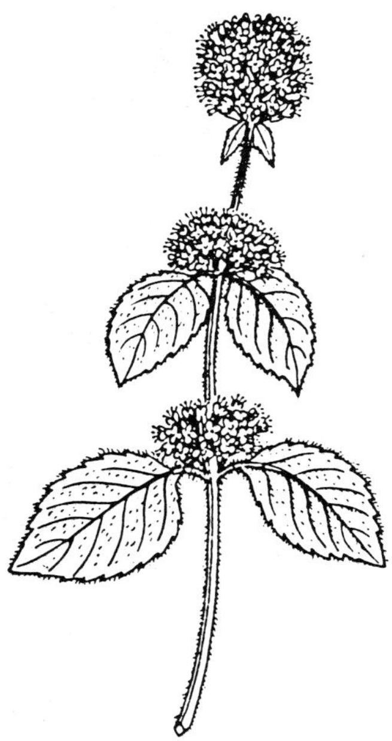

Mint

About 5 species of mint grow wild in France. There are many more types of commercially grown mint, however, since numerous new varieties have been developed.

The peppermint or Mitcham mint grown in Haute Provence since the 19th century is called "English mint" here. It is a variety of the peppermint family, the Mentha piperata Huds. *This crop is still grown in the Asse and Haute Bléone valley (Bras d'Asse, Mézel, Le Chaffaut). Production has declined over the past 20 years because of the farming methods required and market fluctuations, even though Provençal mint is in demand because of the quality of its fragrance, or "bouquet".*

The Menthol extracted is mainly used in the food industry (liqueurs, sirup, candy) and in pharmacy (multiple pharmaceutical uses as antiseptics, stimulants, pain relievers). At Salagon we also grow spearmint (Mentha spicata L.) *whose mellow and penetrating fragrance is less agressive than that of peppermint.*

Les Craux de Sauvan

In Provence the term "crau" denotes a rocky heath. The Craux de Sauvan stretching before Sauvan Castle (18th century) are dominated by the medieval tower of Porchères (12th century).

This vast expanse of rocks and aromatic plants, ill-suited to farming, still hosts a few herds. The heath is the realm of thyme, lavender and broom, although evergreen oaks, durmast oaks and junipers can also be seen.

Spring is the plateau's most beautiful season, with rosy stretches of thyme in flower punctuated by the occasional bush or green tufts of savory awaiting summer to bloom in white bouquets. Here is where neighbouring villagers come as soon as winter is over to pick wild lettuce, or where the "Badasson" *(Plantago cynops)* grows – the Provençal cure-all, good for what ails both man and animal. You will also discover several wild aromatics used in home remedies: the decorative yellow-petalled santolina, the wall germander *(Teucrium chameadrys),* or the aspic lavender.

L.) *mit ihrem köstlichen und durchdringenden Duft, der weniger aggressiv ist als derjenige der Pfefferminze.*

Die Craux von Sauvan

Mit dem Namen "crau" bezeichnet man in der Provence eine Heide auf Schotterboden. Gegenüber dem Schloss von Sauvan (18. Jahrhundert) erstrecken sich die Craux de Sauvan, die vom mittelalterlichen Turm von Porchères überragt werden.

Diese weite Fläche aus Schotter und aromatischen Pflanzen, die für den Ackerbau wenig geeignet ist, und die ab und zu noch von Schafherden aufgesucht wird, ist das Reich der Thymian-, Lavendel- und Ginsterheide. Es wächst dort die weisse Eiche *(Quercus pubescens),* die immergrüne Eiche *(Quercus ilex)* und der Wacholder.

Man muss dieses Plateau im Frühjahr sehen. Dann besteht es aus weiten, rosaroten Flächen blühenden Thymians, örtlich unterbrochen von einigen Büschen oder von grünen Bäuschen des Pfefferkrauts, das den Sommer abwartet, um in weissen Sträussen zu erblühen. Mit Winterende kommen die Bewohner der benachbarten Dörfer hierher, um wilde Salate zu pflücken, wo man den "Badasson" (*Plantago cynops,* eine Wegerichart) findet, der für Mensch und Tier gleich nützlich ist. Man kann hier eine grosse Zahl wilder aromatischer Pflanzen entdecken, die in der Volksmedizin der Hochprovence eine grosse Rolle spielen: das Zypressen- Heiligenkraut *(Santolina chamaecyparissus),* das mit seinen kleinen gelben Blüten so dekorativ wirkt, den Gamander *(Teucrium chamaedris)* oder den Aspic-Lavendel (Lavandula latifolia = breitblättriger Lavendel).

Menthes sauvages :
à gauche, en haut : Menthe sylvestre,
en bas : Menthe aquatique.
Page 23, de haut en bas :
Menthe à feuilles rondes,
Menthe pouliot,
Menthe verte (cultivée).

La culture de la menthe s'est arrêtée *"quand on est passé des chevaux aux tracteurs"* car sa culture utilisait un outillage archaïque mais bien adapté à un travail minutieux : la charrue et le cheval. Ce sont surtout les problèmes de main d'œuvre – car il fallait biner à la main la menthe, arracher les racines, les diviser, les repiquer à l'automne –, conjugués à une baisse des cours, qui ont chassé la menthe de la plaine. Y reviendra-t-elle un jour ? Ce n'est pas impossible... Dans d'autres communes du département, la menthe s'est maintenue. Sa culture a su s'adapter aux techniques les plus modernes. De nouvelles variétés ont été mises au point. Le lycée agricole de Carmejanes, près de Digne, en possède une collection de 50 variétés différentes.

Les Menthes

On distingue environ 5 espèces de menthes sauvages en France : Menthe aquatique, Menthe à feuilles rondes, Menthe sylvestre, Menthe pouliot, Menthe des champs. Mais les menthes cultivées sont beaucoup plus nombreuses car on a mis au point de multiples variétés nouvelles.

En Haute Provence, à la fin du XIXe siècle, on a cultivé la Menthe anglaise ou Menthe Mitcham (variété de Menthe poivrée, Mentha piperata Huds.*). Cette culture existe toujours dans la vallée de l'Asse et dans la Haute Bléone (Bras d'Asse, Mézel, Le Chaffaut), mais elle a beaucoup régressé depuis vingt ans à cause des exigences de la culture et des fluctuations du marché et bien que la qualité* Menthe de Provence *soit recherchée pour son "bouquet" particulier.*

Le Menthol que l'on extrait de la plante est utilisé surtout dans l'industrie alimentaire (liqueurs, sirops, confiserie) et en pharmacie (multiples spécialités pharmaceutiques antiseptiques, stimulantes, analgésiques). Dans les jardins, on cultive aussi la Menthe verte (Mentha spicata L.) *au parfum suave et pénétrant, moins agressif que celui de la Menthe poivrée.*

Les Craux de Sauvan

Le terme "crau" désigne en Provence une lande caillouteuse. On connaît la plaine de la Crau en pays d'Arles. Les plateaux qui s'étendent entre Mane et Saint-Michel sont aussi désignés ainsi. Face au château de Sauvan (XVIIIe siècle), s'étendent les Craux de Sauvan, dominés par la tour médiévale de Porchères (XIIe).

Vaste étendue de cailloux et de plantes aromatiques peu propice aux cultures, que parcourent encore quelques troupeaux, c'est le domaine de la lande à thym, lavande et genêt. Il y pousse le chêne blanc, le chêne vert et le genévrier. Quelques belles fermes anciennes, appelées ici "campagnes", s'y sont installées, face à un panorama superbe : une grande partie du département s'étend sous vos yeux, depuis la montagne de Lure jusqu'aux cimes enneigées des Alpes de Digne et de Sisteron.

C'est au printemps qu'il faut voir ce plateau. Ce sont alors des étendues roses de thym en fleurs, trouées par endroit de quelques arbustes ou des touffes vertes de la sarriette qui attendra l'été pour fleurir en bouquets blancs. C'est ici que les habitants des villages voisins viennent cueillir les salades sauvages dès la fin de l'hiver ou qu'on trouve le "Badasson" *(Plantago cynops)*, véritable panacée de la Haute Provence, utile pour l'homme comme pour l'animal. Vous y découvrirez nombre d'aromatiques sauvages utilisées dans la médecine populaire de Haute Provence : la santoline, si décorative avec ses petites fleurs jaunes, la germandrée petit-chêne *(Teucrium chameadrys)*, ou la lavande aspic.

Thyme

Thyme (Thymus vulgaris L.) *is a small greyish shrub immediately recognized by its pungent scent, tiny leaves curled at the edges and downy underside, and small pink flowers. It can cover acres of garrigue.*

Hardly any plant is as vital to Provençals as the "farigoulo". In its daily uses – herbal teas, seasoning..., and in medecine: powerful antiseptic, hearty stimulant. The thyme's importance has become symbolic – in Provence when you want to declare your love you attach a bouquet of thyme on your beloved's door.

In Haute Provence a distinction is made between the "red thyme" found in lower altitudes and the "white" or "lemon" thyme growing high in the hills or on plateaus. Aromatherapy has maintained this distinction, noting even more subtle differences in the composition of oils depending on where the plant has been gathered.

Savory

There are two species of savory: Summer Savory (Satureia hortensis) *and Winter Savory* (Satureia montana). *In your wandering you will come upon the latter. Winter Savory is mainly prized for its medicinal and culinary properties. In Provence, where we call savory* Pebre d'aï *(Ass's pepper), you can taste goat cheese rolled in savory leaves.*

Savory has roughly the same tonic, stimulant and antiseptic properties as thyme and other aromatic labiateae. The herb is distilled to yield a highly antiseptic essential oil. It is presently grown commercially for the pharmaceutical industry. The total production of the Provence-Alps-Côte d'Azur region comes from 25 hectares in the Department of Alpes-de-Haute-Provence.

Santolina

(Santolina chamaecyparissus)

Unlike most other aromatics which belong to the labiateae (mint) family, santolina is a daisy (compositae). You can easily recognize its whitish tufts, serrated leaves, and penetrating strong fragrance. It has often been grown as an ornamental plant but was seldom used in Provençal home remedies despite its tonic and deworming properties. In earlier times it was also known for its magic power to protect. Today attempts have been made to plant santolina, which is distilled for essential oil.

Der Thymian

Der Thymian (Thymus vulgaris L.) *ist ein kleiner graulechter Zwergstrauch, den man sofort an seinem Geruch, seinen kleinen, an den Rändern eingerollten und unten behaarten Blättern und seinen kleinen rosa Blüten erkennt. Er kann in der Garrigue grosse Flächen bedecken. Gibt es für den Provenzalen eine wichtigere Pflanze als die "Farigulo" ? Sie ist nützlich im alltäglichen Leben : als Tee, als Gewürz Die Volksmedizin schreibt ihr vielfältige Wirkungen zu: starkes Antiseptikum, anregend. Mit ihr werden symbolische Bedeutungen verbunden. Wer in der Provence seine Liebe erklären wollte, befestigte ein Thymiansträusschen an der Tür der Erwählten.*

In der Hochprovence unterscheidet man den "roten Thymian", eine Abart, die in den niederen Höhen am verbreitetsten ist, vom "weissen Thymian" oder "zitronenfarbigen" der höheren Hügel und der Hochplateaus. Die "Aromatherapie" behält diese Unterscheidungen bei, ja sie macht sogar noch subtilere, indem sie die Essenzen je nach Pflanzenstandort beim Pflücken differenziert.

Die Sariette (das Pfefferkraut)

Man unterscheidet zwei Arten: Die Gartensariette (Satureia hortensis) *und die Karst-Bergminze* (Satureia montana). *Es ist die zweite Art, die Sie auf Ihrem Wege finden werden. Diese sammelt man besonders wegen ihrer medizinischen Anwendung und als Gewürz. In der Provence wird man Ihnen Ziegenkäse anbieten, der in Pfefferkrautblättern gerollt wurde, die man hier* "Pebre d'ai" *(Eselspfeffer) nennt. Das Pfefferkraut hat ungefähr dieselben stimulierenden und antiseptischen Wirkungen wie der Thymian und die anderen aromatischen Lippenblütler. Die Sariette wird destilliert, denn ihr esssentielles Öl ist sehr stark antiseptisch. Man beginnt derzeit mit dem landwirtschaftlichen Anbau für die Bedürfnisse der Pharmaindustrie. Die Gesamtheit der Produktion in der Region Provence-Alpes-Côte d'Azur umfasst 25 Hektar in den Alpes-de-Haute-Provence.*

Das Zypressen-Heiligenkraut

(Santolina Chamaecyparissus)

Im Gegensatz zu den meisten aromatischen Pflanzen ist das kein Lippenblütler, sondern ein Korbblütler mit röhrenförmigen Blüten. Sie erkennen die Pflanze leicht an ihren weisslichen Bäuschen, den stark gezähnten Blättern und dem starken und durchdringenden Duft. Man hat sie oft als Zierpflanze angebaut. Die Volksmedizin der

Le Thym

Le Thym (Thymus vulgaris L.) *est un petit sous-arbrisseau grisâtre, immédiatement reconnaissable à son parfum, à ses petites feuilles roulées sur les bords et cotonneuses en dessous, à ses petites fleurs roses. Il peut couvrir de vastes étendues de garrigue.*

Y a-t-il plante plus importante pour les Provençaux que la "farigoulo" ? En 1851, il a, dit-on, servi d'emblème pour les révoltés bas-alpins. Dans la vie de tous les jours, il a son utilité : tisane pour de multiples occasions, condiment pour la cuisine, chaque famille a soin d'en avoir toujours une petite provision. La médecine populaire lui attribue de nombreuses vertus : c'est un antiseptique puissant, qui a fait ses preuves contre les refroidissements ou les indigestions ou comme stimulant. De nombreux symboles lui sont attachés. En Provence, celui qui voulait déclarer son amour en accrochait un bouquet à la porte de l'élue. Le dimanche de Pâques, c'est un petit balai de thym qu'on utilisait pour badigeonner les murs de chaux, d'où l'expression "enduit à la farigoulo".

En Haute Provence, on distingue un "thym rouge", variété la plus répandue aux basses altitudes, du "thym blanc" ou "thym citronné" des collines élevées et des plateaux. L'aromathérapie conserve cette distinction. Elle note des différences encore plus subtiles dans les composants de l'essence, en fonction des aires de cueillette.

Ramassé par chacun selon les besoins (au sécateur, afin de ne pas abîmer la plante et non en l'arrachant de façon sauvage) ou en grand pour le commerce, le thym est depuis quelques années mis en culture et fait l'objet de sélections variétales qui tendent à faciliter sa mécanisation et à accroître son rendement. Mais sa production est soumise à la concurrence des importations étrangères, du Maroc par exemple, bien que le thym de Provence ait des caractéristiques différentes des thyms importés.

La Sarriette

On distingue deux espèces : la Sarriette des jardins (Satureia hortensis) *et la Sarriette vivace* (Satureia montana). *C'est la seconde que vous trouverez sur votre chemin. C'est elle qu'on récolte surtout pour son emploi médicinal et condimentaire. En Provence, on vous offrira des fromages de chèvre roulés dans des feuilles de sarriette, qu'on appelle ici* Pebre d'aï *ou* Pebre d'ase — le poivre d'âne.

La sarriette a à peu près les vertus toniques, stimulantes et antiseptiques du thym et des autres labiées aromatiques. Elle est distillée car son huile essentielle est très antiseptique. On procède actuellement à sa mise en culture pour les besoins de l'industrie pharmaceutique. La totalité de la production de la région Provence-Alpes-Côte d'Azur est réalisée sur 25 hectares dans les Alpes-de-Haute-Provence.

La Santoline

(Santolina chamaecyparissus)

Contrairement à la plupart des aromatiques, ce n'est pas une labiée. Elle appartient à la famille des composées. Vous reconnaîtrez aisément ses touffes blanchâtres, aux feuilles très découpées, son odeur pénétrante et forte. On l'a souvent cultivée comme plante d'ornement. La médecine populaire de Haute Provence l'emploie assez peu bien qu'elle soit tonique et vermifuge. Autrefois, on la connaissait surtout pour son rôle magique protecteur. Actuellement, on tente des essais de mise en culture de la santoline et on la distille pour son essence.

La Germandrée petit-chêne

(Teucrium chamaedrys)

Elle doit son nom à la ressemblance de ses feuilles avec celles du chêne. Tonique-amère, dépurative, elle est employée en cure de printemps dans les maladies de peau, les problèmes digestifs, les rhumatismes. Elle sert à faire des vins et des liqueurs digestifs, apéritifs, toniques.

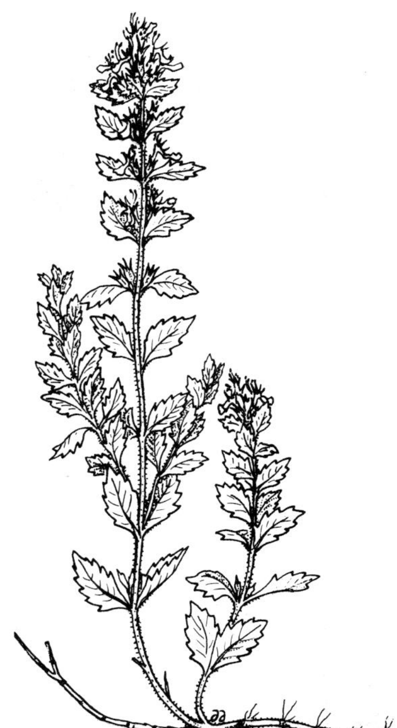

P. 24 : Thym, Sarriette.
P. 25 : Santoline, Germandrée petit-chêne.

Sauge sclarée.

Wall Germander

(Teucrium chamaedrys)

In French this herb is called "little oak" because its leaves resemble the tree's. A bitter tonic, depurative, it is taken as a spring treatment for skin ailments, digestive disorders, and rhumatism. Germander is used in wines and digestive liqueurs, aperitifs, and tonics.

Aubenas-les-Alpes

Just after Saint-Michel l'Observatoire on the road to Banon, you will enter the Largue valley. Here the village of Aubenas is formed of dozens of "campagnes" – scattered farms that dot the region. A patchwork of fields climb to the oak-covered hills: rosy clary, the violet-purple of lavandin, golden wheat, and green forage plants.

In 1950 the farmers of Aubenas were among the first in the Forcalquier region to begin planting clary (the people of Valensole beat them to it). The crop fared well in the sandy soil of Aubenas. At first clary was sown by hand and cut in sheafs. Today the whole process of sowing, reaping (the last two weeks of July) and baling are highly mechanized. Some producers in Banon or on the Valensole plateau use the silage method (grinding the plant and distilling it green), which increases yield and reduces labour, but which gives an inferior oil.

Clary is hypersensitive to climatic conditions. It characteristically undergoes extreme variations in yield and market prices (due to competition from the Soviet Union), thus its nickname "lottery crop". National production of clary oil may vary from 1-2 tons up to 8-10 tons because depending on the market, producers plant or uproot clary plants (which is not possible for plants like lavandin which require several years before it becomes profitable). Despite threats of overproduction, clary is still a profitable crop.

Visit possible: in Aubenas, Plan hameau, cooperative distillery built in June 1989. Open from July to September for hyssop, clary, lavender, lavandin.

Sage

Clary (Salvia sclarea L.), *which is grown in open fields, is one of the bases of the perfume industry. This stately biennial has a heady fragrance that mellows and sweetens when dried. It is easily identified by its sturdy square stem, large velvety*

Hochprovence gebraucht sie ziemlich wenig, obwohl sie anregend wirkt und Würmer abführt. Zur Zeit macht man Anbauversuche und destilliert sie, um Essenz zu gewinnen.

Der Gamander

(Teucrium Chamaedrys)

Den Namen "Germandrée petit-chêne" (Kleineichengamander) verdankt er der Ähnlichkeit seiner Blätter mit denjenigen der Eiche. Bittertonikum, blutreinigend, wird als Frühjahrskur bei Hautkrankheiten, bei Verdauungsbeschwerden und rheumatischen Erkrankungen eingesetzt. Er dient auch zur Herstellung von verdauungsfördernden Weinen, Likören, Aperitiven und Tonika.

Aubenas-les-Alpes

Wenn Sie Saint-Michel l'Observatoire auf der Strasse nach Banon verlassen, gelangen Sie bald in das Tal des Largue und zum Dorf Aubenas, das in Wirklichkeit aus Dutzenden von "Campagnen" besteht, Einzelhöfen, die wie Farbpunkte im Gelände verstreut sind. Ein Fleckerlteppich verschiedener Kulturen zieht sich die Hügel hinauf, die von weissen Eichen bekrönt werden: das Rosa des Salbeis, die Malvenfarbe und das Violett des Lavandins, das Gelb der Getreidefelder, das Grün des Futtergrases.

In Aubenas waren die Bauern unter den ersten (im Gebiet von Forcalquier, denn in Valensole pflanzte man ihn schon früher), die sich auf die Anpflanzung von Scharlachsalbei verlegten, denn hier findet man den sandigen Boden, der für diesen Anbau günstig ist. Das war in den Fünfzigerjahren. Seinerzeit wurde der Salbei von Hand ausgesät und in Garben geschnitten. Heute sind Aussaat, Schnitt (zwischen dem 15. und 31. Juli), sowie das Bündeln stark mechanisiert. Manche Erzeuger in Banon und auf dem PLateau von Valensole praktizieren die Silage (die Pflanze wird gehäckselt und in grünem Zustand destilliert), was zwar die Ausbeute erhöht und die Handarbeit verringert, aber eine Essenz geringerer Qualität ergibt.

Der Salbei reagiert übersensibel auf das Klima. Er zeichnet sich durch starke Schwankungen im Ertrag und bei den Marktkursen aus (starke Konkurrenz durch Einfuhren aus der Sowjetunion), weshalb man ihn auch als "Loterie-Kultur" bezeichnet hat. Die nationale Produktion kann zwischen 1 oder 2 Tonnen Essenz bis zu 8 oder 10 Tonnen schwanken, denn je nach Marktkursen

Aubenas-les-Alpes

Quittant Saint-Michel l'Observatoire par la route de Banon, vous vous élevez peu à peu par une route en lacets pour atteindre la plaine de la Croix du Chêne. Le terme "plaine", à cette altitude vous surprendra, mais c'est ainsi qu'en Provence on désigne les plateaux. Devant vous s'élève un ample panorama : au loin, vers le nord, la montagne de Lure ; à l'ouest, le village de Vachères couronne la colline ; plus près de vous, Aubenas, petit village fait de dizaines de "campagnes", ces fermes dispersées qui ponctuent le terroir ; en contrebas de la route, le Largue, qui alimentait autrefois un chapelet de moulins. Et tout autour, le patchwork des cultures qui grimpent à l'assaut des collines couvertes de chênes blancs : rose de la sauge sclarée, mauve et violet des lavandins, jaune des blés, vert des fourrages.

A Aubenas, les agriculteurs ont été parmi les premiers (dans le pays de Forcalquier, car à Valensole on l'exploitait bien avant) à se lancer dans la culture de la sauge sclarée car on trouve ici des terrains – qu'on appelle "savéou" (sablonneux) – propices à cette culture. C'était dans les années 1950. A l'époque, la sauge était semée à la main et coupée en gerbes. On utilisa d'abord la faux puis plus tard une lieuse, comme le blé. Aujourd'hui, on utilise des semoirs mécaniques, la coupe se fait entre le 15 et le 31 juillet, avec une coupeuse andaineuse automotrice, puis après trois ou quatre jours de séchage, la sauge est bottelée avec une presse à foin, pour être emportée à la distillerie. Certains producteurs, à Banon, sur le plateau de Valensole, pratiquent l'ensilage (plante broyée et distillée en vert), ce qui accroît le rendement, réduit la main-d'œuvre, mais donne une essence de moindre qualité.

La sauge sclarée est hypersensible au climat. Elle se distingue par la forte variation de son rendement et des cours pratiqués sur le marché (concurrence des importations d'Union Soviétique), ce qui lui a valu le surnom de "culture loterie". La production nationale a pu varier de 1 à 2 tonnes jusqu'à 8 ou 10 tonnes car suivant les cours, les producteurs plantent ou arrachent la sauge (ce qu'il n'est pas possible de faire avec le lavandin, par exemple, qui demande plusieurs années de plantation pour être rentable). Malgré les menaces de surproduction, la sauge reste une culture de bon rapport. On en a cultivé 700 hectares dans les Alpes-de-Haute-Provence en 1988, soit une production de 10 500 kg, la quasi-totalité de la production de la région PACA qui cultive 707 hectares de sauge sclarée.

Sauge officinale.

☞ **(Visite possible : à Aubenas, hameau du Plan, distillerie coopérative construite en juin 1989. Fonctionne de juillet à septembre pour l'hysope, la sauge sclarée, la lavande, le lavandin.)**

La Sauge

C'est la Sauge sclarée (Salvia sclarea L.) *que l'on cultive en plein champ pour servir de base à l'industrie des parfums. Cette belle plante, bisanuelle, à l'odeur entêtante, très forte fraîche, plus douce et sucrée une fois sèche, est bien reconnaissable, avec sa tige carrée, robuste, ses grandes feuilles pétiolées, velues et ses fleurs en épis bleu pâle ou roses. Elle dépasse parfois 1 m de hauteur et affectionne les sols fertiles. Elle s'emploie comme sa cousine, la Sauge officinale, pour ses vertus médicinales. On la dit stimulante, antisudorale, emménagogue. En plongeant des brassées de sauge en fleurs dans les cuves où fermentait le vin ou en fermant les bouteilles avec un bouchon trempé dans l'essence de sauge, les paysans d'autrefois donnaient au vin un goût muscat. Suspendue en bouquet dans les bergeries, elle a, dit-on, le pouvoir d'en chasser les mouches.*

La Sauge officinale (Salvia officinalis L.) *dont les vertus médicinales ne sont plus à vanter, fait partie des plantes que l'on cueille à l'aube de la*

leaves and whorled pale pink or blue flowers. The plants may reach a height of over 3 feet.

Sage (Salvia officinalis L.) *take its name, Salvia, from the latin word "salvare" (save, healthy), which is ample demonstration of its medicinal attributes. All well-kept households in Provence have a provision of sage on-hand for herbal teas, digestive wines, or seasoning.*

It is also grown semi-industrially for the herb trade and distillation. Its highly toxic essential oil can only be sold by chemists.

From Aubenas to Simiane

The first village, Revest-les-Brousses, is especially known for the heather growing in a sandstone strip that cuts through the department. For years the villages made brooms of heather and tutors for their silkworms. Revest-les-Brousses is now one site for hyssop. This aromatic herb of the mint family has been used since ancient times as an antiseptic, expectorant, and disgestive. Oil extracted from hyssop is used in the pharmaceutical industry and in perfume (look for hyssop on the labels of men's cologne). In 1988, 25 hectares of hyssop were grown in the Department of Alpes-de-Haute-Provence.

Take the little road (D18) towards Carniol. After stretches of heather and pines, the landscape blends into box, thyme, and juniper. You've reached the village of Simiane. Just before you enter the village, before driving down from the plain, pull your car over and admire the scenery. On the pinnacle in front of you is Simiane. And all around are corduroy patterns of lavender and lavandin fields, a full range of tones from violet to deep purple. Just down the road you'll see the high chimney of a distillery; one of the region's newest, built in 1977. It is a cooperative of 6 producers and in season it runs day and night. Each member distills his own production: sage, lavender, and above all lavandin. The town boasts 4 private distilleries, proof of how important this activity is to the region. The Cooperative of Fragrance Plants in Simiane is one of France's major producers of fine lavender: it stocks 1/3 of the country's national volume. The Cooperative also has an oil processing unit where small specially-sealed containers of lavender oil are sold.

pflanzen die Erzeuger den Salbei an oder reissen ihn heraus (was beim Lavandin unmöglich ist, denn er erfordert mehrere Jahre, bis eine Pflanzung rentabel wird). Trotz der Gefahr einer Überproduktion bleibt der Salbei jedoch eine einträgliche Kultur.

Besichtigungsmöglichkeit : In Aubenas im Weiler Du Plan befindet sich eine genossenschaftliche Destillerie, die im Juni 1989 erbaut wurde. Sie funktioniert von Juni bis September für Ysop, Salbei, Lavendel und Lavandin.

Die Salbeiarten

Der Scharlachsalbei (Salvia sclarea), *den man in den Feldern anbaut, dient als Basis für die Parfümindustrie. Diese schöne, zweijährige Pflanze mit betäubendem Geruch, sehr stark in frischem Zustand, weicher und süsser ,wenn getrocknet, erkennt man leicht an ihrem viereckigen, robusten Stengel, ihren grossen, pelzigen Blättern und ihren fahlblauen und rosaroten Blütenähren.*

Der echte Salbei (Salvia officinalis L.) *hat seinen Namen vom lateinischen "salvare" (retten). Man erkennt daran die medizinischen Eigenschaften, die man ihm zuschreibt. In der Provence hat jeder Haushalt, der etwas auf sich hält, seinen Vorrat an echtem Salbei, um Tees oder verdauungsfördernde Weine zu machen, oder Speisen zu würzen.*

Von Aubenas nach Simiane

Das Dorf Revest-des-Brousses, das Sie als erstes erreichen, ist besonders wegen seines Heidekrauts bekannt, das auf einer Sandsteinzone wächst, langezeit zur Herstellung von Besen ausgebeutet wurde, und das die Bauern auch als Unterlage für die Seidenraupenzucht verwendeten. In diesem Dorf pflanzt man heute unter anderem den Ysop. Der Ysop ist ein aromatischer Lippenblütler, der von alters her für seine antiseptische, auswurf- und verdauungsfördernde Wirkung bekannt ist. Man extrahiert die Essenz für die pharmazeutische Industrie und die Parfümerie (Anmerkung Ysop bei den Parfüms für Menschen). Im Jahre 1988 wurden im gesamten Departement der Alpes-de-Haute-Provence 25 Hektar angebaut.

Nachdem man auf der kleinen Strasse nach Carniol (D 18) Heidekraut- und Pinienheiden durchquert hat, die von Buchsbaum, Thymian und Wacholder abgelöst werden, erreicht man das Dorf Simiane. Halten Sie am Strassenrand kurz vor dem

Saint-Jean. Son nom, Salvia, vient du latin "salvare" (sauver). C'est dire le pouvoir qu'on lui attribue. Toute bonne maison, en Provence, a sa provision de sauge pour faire des tisanes ou des vins digestifs et pour parfumer les plats. En faisant macérer les fleurs dans l'eau-de-vie, on fabrique l'eau de sauge, aux vertus digestives. Dans l'"aigo boulido", *elle accompagne l'ail, l'huile et le sel pour composer un bouillon salvateur.*

Elle fait aussi l'objet d'une mise en culture semi-industrielle récente pour l'herboristerie (mais le mondage des feuilles, en l'absence de machine, pose des problèmes de main-d'œuvre) et pour la distillation. Son huile essentielle, très toxique, ne peut être vendue qu'en pharmacie.

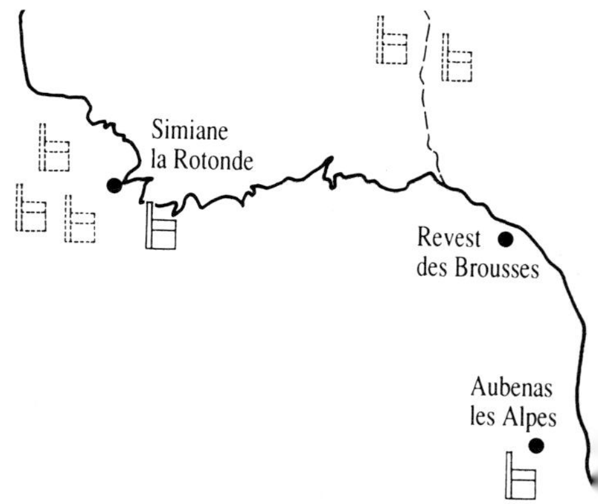

D'Aubenas à Simiane

Le village de Revest-des-Brousses que vous atteindrez en premier, est surtout connu pour ses bruyères qui poussent dans une zone de grès (grès de l'Albien), longtemps exploitées pour la fabrication de balais[9] et que les paysans d'autrefois utilisaient aussi pour servir de support dans l'élevage du ver à soie. Dans ce village, entre autres, on cultive aujourd'hui l'hysope. Connue depuis des temps anciens comme antiseptique, expectorante, digestive, l'hysope est une labiée aromatique dont on extrait l'essence pour l'industrie pharmaceutique et la parfumerie (note "hysope" dans les parfums pour homme). En 1988, on a cultivé 25 hectares d'hysope dans l'ensemble du département des Alpes-de-Haute-Provence.

L'Hysope

L'Hysope (Hyssopus officinalis L.), *à l'état naturel, occupe les coteaux arides jusqu'à 2000 m. Remarquable médicinale, elle est connue surtout pour ses vertus béchiques (qui calme la toux) qui en font un des simples les plus efficaces dans les affections bronchiques. En culture, c'est un hybride qu'on trouvera plus fréquemment. Son huile essentielle qui contient de la thuyone, est toxique et sa vente est contrôlée.*

Par la petite route de Carniol (D 18), après avoir parcouru des landes de bruyères et de pins, peu à peu remplacés par le buis, le thym et les genévriers, on atteindra ensuite le village de Simiane. Juste avant d'arriver au village, avant de redescendre dans la plaine, arrêtez-vous sur le bord de la route qui domine le paysage. Devant vous, Simiane, village perché dominé par la célèbre rotonde (XIIe) qui lui a donné son nom, dans lequel vous pourrez admirer de nombreux hôtels des XVIe, XVIIe et XVIIIe siècles. Tout autour, le dessin régulier des champs de lavande et de lavandin qui, du mauve au violet le plus intense, offrent toutes les nuances. Et plus près de vous, au pied de la route, la distillerie avec sa haute cheminée. Construite il y a 12 ans, cette distillerie est une des plus récentes de la région. Organisée en CUMA, elle regroupe 6 exploitants et fonctionne pendant la saison jour et nuit. Chaque coopérateur y distille sa propre production : sauge, lavande, et surtout lavandin. On compte 4 autres distilleries privées sur la commune. C'est dire l'importance qu'y revêt cette activité. Dans le village, la Coopérative des plantes à parfum est une des plus importantes de France pour la lavande fine : elle stocke ⅓ de la production nationale en volume. Elle comprend une unité de conditionnement de l'essence de lavande en petits estagnons cachetés.

Visits:
The Simiane distillery is open all summer (10 July – approx. 1 September). The Cooperative (up in the village next to the school) is open afternoons year-round, and sells essential oils of fine lavender and lavandin. You can also visit a small factory producing dry lavandin bouquets, run by Alain Cassan, La Combe du Pommier (Rte. de Rustrel-St. Christol). Call 92 75 91 70 for visits any day during working hours.
For information on other distilleries, contact Simiane's Syndicat d'Initiative: 92 76 21 40.

Hulled ("mondé") and cut flowers

Lavender and lavandin are generally processed into essential oil. But plants are also dried for use by herbalists, the flowers hulled and sold in sachets, or arranged in bouquets for export. The traditional area for lavender flower production is in the Department of Drôme, especially in Mévouillon; but this is also done in the Vaucluse in Ferrassières and Sault.

Hulled flower products can be found in Sault: Maison des producteurs du pays de Sault, open everyday from 10:30-12 noon and 2:00-6:00 p.m. Lavender, lavandin, aromatics.

Page de droite : atelier de mondage. Ci-dessous : cueillette de bouquets.

Dorf bevor man in die Ebene hinunterfährt und betrachten Sie die Landschaft. Vor sich haben Sie das hochgebaute Simiane. Drum herum die regelmässige Zeichnung der Lavendel- und Lavandinfelder, die zwischen Malve und intensivem Violett alle Schattierungen liefern. Näher bei Ihnen, am Fusse der Strasse, haben Sie eine Destillerie mit ihrem hohen Kamin. Vor nur 12 Jahren erbaut, ist sie eine der jüngsten der Region. Genossenschaftlich organisiert, vereinigt sie 6 Anbauer und ist während der Saison Tag und Nacht in Betrieb. Jeder Genossenschaftler destilliert seine eigene Produktion : Salbei, Lavendel und hauptsächlich Lavandin. Man zählt weitere 4 private Destillerien in der Kommune. Das unterstreicht die Bedeutung dieser Aktivitäten. Die dörfliche Genossenschaft der Parfümpflanzer ist hinsichtlich des echten Lavendels eine der bedeutendsten Frankreichs : vom Volumen her 1/3 der nationalen Produktion. Sie besitzt eine Abfüllanlage für plombierte Behälter.

Besuchsmöglichkeiten :
Die Destillerie kann während des ganzen Sommers frei besichtigt werden (ungefähr vom 10. Juli bis zum 1. September). Man kann bei der Genossenschaft Essenzen von echtem Lavendel und von Lavandin kaufen. Sie ist das ganze Jahr hindurch nachmittags geöffnet (im Dorf neben der Schule).

Man kann auch eine Einrichtung zur Herstellung von getrockneten Lavendelsträusschen bei Alain Cassan, la Combe du Pommier (Strasse Rustrel-Saint Christol) ansehen. Besuchsmöglichkeiten tagsüber, Telefon 92 75 91 70.

Wegen des Besuchs anderer Destillerien kann man sich beim Verkehrsbüro "Syndicat d'Initiative" in Simiane erkundigen : Tel. 92 76 21 40.

Lose Blüten und geschnittene Blumen

Lavendel und Lavandin werden üblicherweise zu Essenzen verarbeitet. Man erzeugt aber auch getrocknete Pflanzen als Heilkräuter, lose Blüten in Säckchen, Sträusschen für den Export. Die traditionelle Erzeugerzone für Lavendelblüten liegt im Departement Drôme, besonders in Mévouillon, aber auch in Ferassières und in Sault, im Departement Vaucluse.

Man findet solche Produkte aus Blüten in Sault : Maison des producteurs du pays de Sault, täglich geöffnet von 10 Uhr 30 bis 12 Uhr und von 14 bis 18 Uhr. Lavendel, Lavandin und aromatische Pflanzen.

☞ Visites possibles :
La distillerie de Simiane se visite librement durant tout l'été (10 juillet au 1er septembre environ). On peut acheter des huiles essentielles de lavande fine et de lavandin à la Coopérative des plantes à parfum, ouverte toute l'année, tous les après-midis (dans le village, à côté de l'école).

On peut également visiter une unité de production de bouquets séchés de lavandin chez Alain Cassan, la Combe du Pommier (Route de Rustrel-Saint-Christol). Visite possible tous les jours, dans la journée. Tél. 92 75 91 70

Autres distilleries à visiter : s'informer auprès du Syndicat d'Initiative de Simiane : 92 76 21 40.

Fleurs mondées, fleurs coupées

Lavandes et lavandins sont généralement transformés en essence. Mais on produit également des plantes séchées pour l'herboristerie, des fleurs mondées vendues en sachets, des bouquets pour l'exportation. La zone traditionnelle de production de fleur de lavande est située dans la Drôme, à Mévouillon surtout, ainsi qu'à Ferrassières et Sault, dans le Vaucluse.

☞ On peut trouver des produits à base de fleurs mondées à Sault : Maison des producteurs du pays de Sault, ouverte tlj 10h30-12h et 14h-18h. Lavande, lavandin, plantes aromatiques.

L'extraction des essences

Il existe plusieurs procédés d'extraction des matières aromatiques, entre autres :
- *la distillation par entraînement à la vapeur d'eau, qui donne les huiles essentielles ;*
- *la macération ou "l'enfleurage à chaud", est l'application du pouvoir d'absorption des parfums des plantes par les graisses à chaud ;*
- *l'enfleurage à froid ;*
- *l'extraction par expression ;*
- *l'entraînement avec des solvants volatils : ce procédé consiste à dissoudre la matière odorante de la fleur dans une substance volatile que l'on évapore*

Schéma des deux types de distillation : à feu nu, à vapeur (d'après Christiane Meunier, Lavandes et lavandins*).*

ALAMBIC A FEU NU
(modèle primitif)

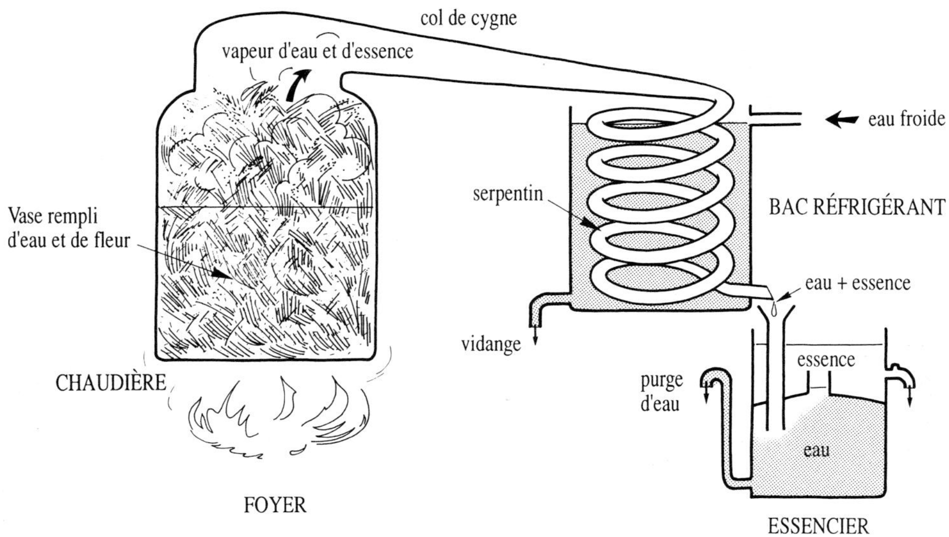

Extracting essential oils

Several processes are used to extract aromatics, such as:
- distillation by vapour to yield essential oils,
- maceration or "hot enfleurage", by which the essence of plants is absorbed by heated fats,
- cold enfleurage,
- pressed extraction,
- priming by volatile solvants: this process consists in dissolving the plant's fragrant matter in a volatile substance which then evaporates. The concentrate that remains, called "concrete", is treated with alcohol, which is in turn distilled off after a series of glazing and washing. The end solution is called the "absolute".

Lavender oil has been distilled in Haute Provence since the 16th century. This is the process currently used. Flowers of lavender, lavandin, and clary are sometimes gathered to be processed into "concrete" in Grasse (Alpes-Maritimes) or Comps (Var). In the Basses-Alpes, a factory in Barrême used hydrocarbons to process flowers from 1928 to 1950.

On route D18 between Revest-les-Brousses and Carniol, you can visit an artisan distillery using an old-fashioned wood-burning still to produce essential oils for

Das Extrahieren von Essenzen

Es gibt verschiedene Verfahren, um aromatische Stoffe zu extrahieren, unter anderem
- die Destillation mittels Wasserdampf, die die essentiellen Öleergibt,
- die Mazeration oder "heisse Einblumung" ist die Anwendung des Prinzips, dass sich die Duftstoffe der Pflanzen in heissen Fetten lösen,
- die "kalte Einblumung",
- die Extraktion durch Pressen,
- das Ausziehen mit Hilfe flüchtiger Lösungsmittel. Diese Methode besteht darin, dass man die Duftstoffe der Blüten mit Hilfe leichtflüchtiger Lösungsmittel auszieht, die nachher verdampft werden. das übrig bleibende Konzentrat, das man "concrète" nennt, wird mit Alkohol behandelt, der seinerseits nach einer Reihe von Vereisungen und Waschungen durch Destillation ausgeschieden wird. So erhält man "l'absolue" (die "absolute" Essenz).

In der Hochprovence wurde schon seit dem 16. Jahrhundert Lavendelessenz durch Destillieren gewonnen. Dieses Verfahren wird auch heute noch benutzt. Manchmal werden jedoch Lavendel, Lavandin und Salbei als Blüten eingesammelt, um in Grasse (Alpes-Maritimes) oder in Comps (Var) in "concrète" verwandelt zu werden. In den Basses

ALAMBIC A VAPEUR
(procédé actuel)

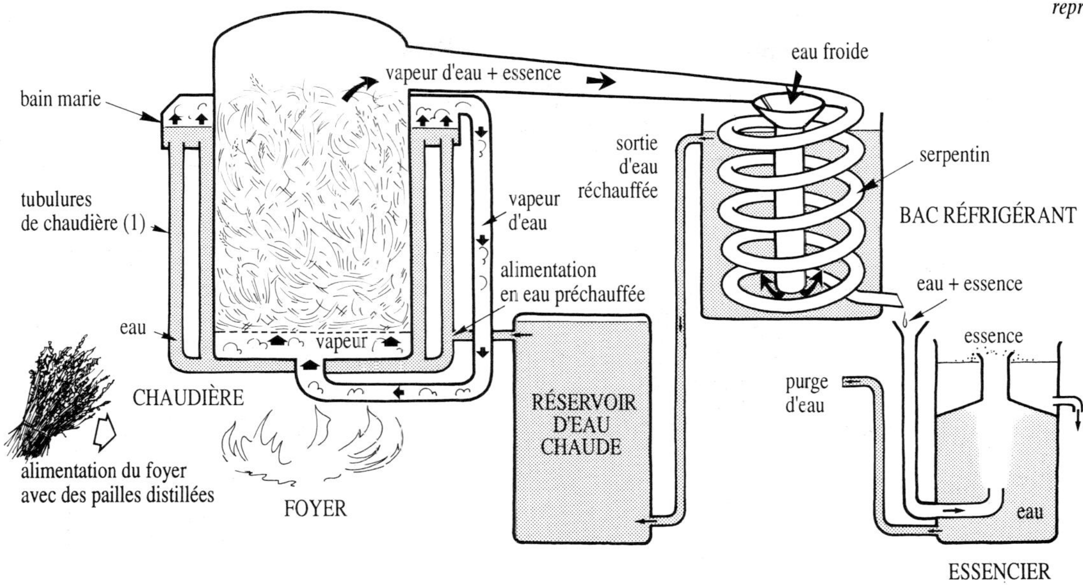

1. Il y a deux ou trois rangées de tubulures verticales ; une seule est représentée ici.

ensuite. Le produit concentré qui demeure, appelé "concrète", est traité à l'alcool, lequel à son tour est éliminé, après une série de glaçage et de lavage, par distillation, pour aboutir à "l'absolue".

En Haute Provence, l'essence de lavande a été extraite par distillation dès le XVIe siècle. C'est ce procédé qu'on utilise actuellement. Parfois, lavande, lavandin et sauge sclarée sont aussi ramassés en fleurs pour être transformés en "concrète" à Grasse (Alpes-Maritimes) ou à Comps (Var). Dans les Basses-Alpes, une usine qui traitait les fleurs aux hydrocarbures a fonctionné à Barrême, de 1928 à 1950.

La distillation à feu nu

Autrefois, on pratiquait la distillation a feu nu dans de petits alambics en cuivre, fabriqués artisanalement, qu'on pouvait transporter à proximité des lieux de récolte. Ces alambics pouvaient contenir environ 100 kg de lavande. La lavande coupée était entassée dans la cuve sur un fond d'eau, puis on posait l'alambic directement sur un feu de bois. Le temps de "passe" pour obtenir l'essence était alors assez long (2 ou 3 heures) et la quantité de bois nécessaire très importante.

Quelques améliorations furent ensuite apportées à ce système :
- alambic fixé dans une maçonnerie afin de limiter les déperditions de chaleur,
- augmentation de la contenance de la cuve,
- système de palan pour soulever le couvercle, puis installation d'un système de panier sur lequel la lavande à distiller est posée, et qu'on pouvait soulever avec des chaînes pour en faciliter le déchargement.

La distillation à vapeur

Dès avant la deuxième guerre mondiale, les premiers alambics à vapeur commencent à se répandre. La plante ne trempe plus dans l'eau mais est mise à sec dans le vase qui est plongé dans un bain-marie. L'eau du bain-marie est chauffée ; et la vapeur d'eau, envoyée dans le vase, traverse la plante, entraînant l'huile essentielle. Comme dans le système ancien, celle-ci est recueillie dans l'essencier, à la sortie du serpentin. Du fait que la plante ne trempe pas dans l'eau, il est possible de réutiliser les pailles distillées comme combustible pour

Suite fâcheuse d'une distillation à feu nu ("La Ligue des Alpes", Digne, 16 septembre 1888).

Revest-des-Brousses. — Dimanche, un violent incendie s'est déclaré près de la maison de campagne du sieur Gontal Marius. Heureusement il n'y a pas de malheur à déplorer.

On avait distillé beaucoup de lavande et l'on avait mis les résidus près de la maison. Le tas était si grand qu'il y a eu fermentation et que c'est ainsi que le feu a pris.

Toute la population de la commune est partie en foule pour porter secours, et grâce au nombre on a pû garantir la maison.

La distillerie de lavande Goujon au Touyet (Basses-Alpes), vers 1905.

aromatherapy: Marie-Claire Meyer, Etablissements Rouvière, Mas de l'Adolphe, Carniol, Tel: 92 76 30 27 or 92 76 33 78. (Call ahead before visiting.)
Other places for aromatherapy: M. Maurice Fra in Lagarde d'Apt (Notre-Dame, Tel: 90 75 00 46 or 90 75 01 42), and M. Henri Viau, in Saint-Vincent-sur-Jabron, who distills more than 800 plants and markets more than 240 different essential oils. (Les Aubards, Tel: 92 62 06 18.)

Alpes war zwischen 1928 und 1950 eine Fabrik in Betrieb, die die Blüten mit Kohlenwasserstoffen (Lösungsmittel) behandelte.

An der Strasse D 18 zwischen Revest-des-Brousses und Carniol kann man eine Destillerie besichtigen, die noch einen alten, holzbeheizten "Alambic" (Destillierkolben) verwendet, um essentielle Öle für die "Aromatherapie" (Heilbehandlung durch Duftstoffe) herzustellen : Marie-Claire Meyer, Etablissements Rouvière, Mas de l'Adolph, Carniol, Tel. 92 76 30 27 oder 92 76 33 78 (Bitte melden Sie Ihren Besuch telefonisch an).

Wenn Sie sich für die Duftstofftherapie interessieren, dann können Sie auch M. Maurice Fra in Lagarde d'Apt (Notre-Dame, Tel. 90 75 00 46 oder 90 75 01 42) und M. Henri Viau in Saint-Vincent sur Jabron (Les Aubards, Tel. 92 62 07 27) besuchen, der mehr als 80 gepflückte Pflanzen destilliert und rund 240 verschiedene essentielle Öle herstellt.

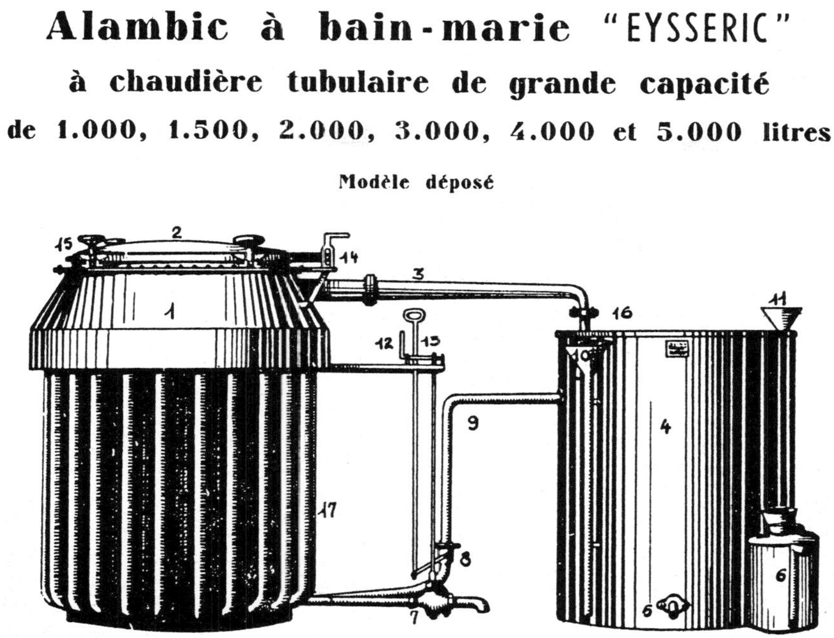

Catalogue Eysseric, 1949.

chauffer l'alambic, ce qui représente une économie très importante. Vous remarquerez autour des distilleries ces gros rouleaux de paille noircie : c'est la plante distillée qui a gardé la forme du vase et que l'on conserve pour servir de combustible.

Presque toutes les distilleries ont aujourd'hui des alambics à vapeur, à bain-marie et à basse pression.

La distillation pour l'aromathérapie

A la différence des huiles essentielles produites pour la parfumerie ou l'industrie chimique, les huiles essentielles destinées à l'aromathérapie doivent répondre à des critères de qualité très stricts : végétaux non pollués, pas de pesticides ni d'herbicides, bonnes conditions de cueillette, de culture, de séchage, identification certaine des végétaux, etc. La durée de distillation aussi est importante : elle doit être longue afin de conserver au produit l'ensemble de ses principes actifs, y compris ceux qui ne sont extraits qu'en "queue" de distillation. Aussi, aux alambics modernes qui permettent de faire du rendement, les spécialistes en aromathérapie préfèrent-ils les anciens appareils fonctionnant parfois au feu de bois, de capacité moindre.

Sur la D18, entre Revest-des-Brousses et Carniol, visite possible d'une distillerie artisanale utilisant un alambic ancien, au feu de bois, pour fabriquer des huiles essentielles destinées à l'aromathérapie. Marie-Claire Meyer, Etablissements Rouvière, Mas de l'Adolphe, Carniol. 92 76 30 27 et 92 76 33 78 (prière de téléphoner avant votre visite).

A voir également pour l'aromathérapie : M. Maurice Fra, à Lagarde d'Apt (Notre-Dame, tél. 90 75 00 46 ou 90 75 01 42) ou M. Henri Viau à Saint-Vincent sur Jabron (Les Aubards, 92 62 07 27), qui distille plus de 80 plantes récoltées et commercialise près de 240 huiles essentielles différentes.

A gauche : Lavande aspic.
A droite : Lavande officinale.
Au milieu : Leur hybride, le Lavandin.

Revest-du-Bion

Further along D18 is Revest-du-Bion, a small village situated at 930 m. altitude. Although for the overall Department lavender crops have given way to lavandin, the plateau of Albion and the hills of Contadour and Redortiers still maintain beautiful plantations of find lavender. Once gathered by hand in the hills, lavender is now grown in vast fields. It is still high prized for the quality of its essence which is used in pharmaceutical preparations and perfumery. Production is mainly handled by private distilleries whose steaming chimneys will greet you at each turn of the road.

Lavender and lavandin

Lavender belongs to the labiateae, or mint, family. During your visit to Haute Provence you will see 2 types of lavender:

Lavender officinalis

(Lavandula angustifolia Miller)

Loosely whorled blue or violet-blue flowers without bracts; stems mostly bare beneath the whorls; narrow linear leaves; very pleasant scent. This variety of lavender grows in the mountains from about 800 to 1500 meters altitude. Producers call it "fine lavender". It is also called "true lavender", and it is the only officinal recognized by the Codex. Lavender has had numerous everyday purposes since Antiquity. Today it is mainly used in perfumery and pharmacy.

Fine lavender has undergone varietal selection: the Maillette and Matheronne varieties are the best known. Most lavender, however, comes from non-hybrid seed plants.

Aspic lavender

(Lavanda latifolia Medicus)

Each tuft of flowers has two linear green bracts, whitish leaves, a strong camphor-like scent. Grows in hot regions, hills, and lower altitudes. Its camphored essence is used in paints and varnishes. Aspic lavender is not commercially grown in France, the main producer is Spain.

Lavandin

The natural cross-breeding of true and aspic lavender when they come in contact gave wild lavandin, locally called "grand lavender", "fat lavender", or "bastard lavender". Like all other hybrids, lavandin is sterile. It reproduces through

Revest-du-Bion

Wenn man auf der D 18 weiterfährt, kommt man nach Revest-du-Bion, einem kleinen Dorf in 930 m Höhe. Wenn auch in der Gesamtheit des Departements die echten Lavendelkulturen zugunsten von Lavandin stark zurückgegangen sind, so haben doch das Plateau von Albion und die hochgelegenen Böden des Contadour und von Redortiers schöne Anpflanzungen von echtem Lavendel bewahrt. Der echte Lavendel, der früher von Hand auf den Hügeln eingesammelt wurde, heute aber auf grossen Flächen angebaut wird, ist auch heute noch gefragt wegen der Qualität seiner Essenzen, die in der Pharmazeutik und Parfümerie Verwendung finden. Einige private Destillerien, deren Kamine Sie in einer Strassenkurve rauchen sehen, erzeugen den Hauptanteil der Produktion.

Lavendel und Lavandin

Die Lavendelarten gehören zur Familie der Lippenblütler. Auf Ihren Ausflügen in der Hochprovence werden Sie zwei Arten von Lavendel begegnen :

Der schmalblättrige Lavendel

(Lavandula angustifolia Miller)

Blaue oder blauviolette Blüten in lockeren Ähren, ohne Vorblätter, an langen, blätterlosen Stielen, Blätter linealischlänglich, sehr angenehmer Duft. Man findet die Pflanze in den Bergen zwischen 800 und 1500 m Meereshöhe. Man nennt sie auch "echten Lavendel". Die populären Anwendungen sind vielfältiger Art und seit der Antike bekannt. Noch heutigentags findet der echte Lavendel seinen Hauptabsatz in Apotheke und Parfümerie.

Aus dem echten Lavendel wurden verschiedene Unterarten herausgezüchtet. Die bekanntesten sind die Mailette und die Matheronne. Trotzdem wird hauptsächlich Lavendel örtlicher Population (aus Samen gewonnener) angebaut.

Der breitblättrige Lavendel

(Lavandula latifolia Medicus)

Blüten mit jeweils zwei schmalen Vorblättern, die eigentlichen Blätter sind dicht weissfilzig, starker, kampherartiger Geruch. Auf warmen Hügeln und niederen Böden. Die stark kampherhaltige Essenz wird für Anstriche und Lacke verwendet. Diese Art wird in Frankreich nicht angebaut. Dagegen ist Spanien ein bedeutendes Erzeugerland.

Le Revest-du-Bion

En continuant par la D 18, on arrive au Revest-du-Bion, petit village situé à 930 m d'altitude, où vous admirerez l'église du xve siècle et, à la sortie du village, la chapelle Notre-Dame de l'Ortiguière, au chœur orné de belles sculptures romanes. Si dans l'ensemble du département, les cultures de lavande ont largement régressé au profit du lavandin, le plateau d'Albion et les hautes terres du Contadour et de Redortiers conservent de belles lavanderaies de lavande fine. Autrefois cueillie à la main dans les collines, aujourd'hui cultivée sur de vastes superficies (on cultivait ici 235 hectares de lavande "de population"[10] en 1982), la lavande est toujours recherchée pour la qualité de ses essences que l'on utilise en pharmacie et en parfumerie. Quelques distilleries privées, dont vous verrez fumer la cheminée au détour d'un virage, assurent l'essentiel de la production.

Lavandes, lavandins

Les lavandes appartiennent à la famille des labiées. Au cours de vos promenades en Haute Provence, vous rencontrerez deux lavandes :

La Lavande officinale

(Lavandula angustifolia Miller)

Fleurs bleues ou d'un bleu violacé, en épis lâches non surmontés par des bractées ; rameaux longuement nus sous les épis, feuilles étroites, linéaires ; odeur très agréable. On la trouve en montagne de 800 à 1500 m environ. C'est elle que les producteurs appellent la lavande fine. On l'appelle aussi Lavande vraie. Ses usages populaires sont nombreux et connus depuis l'Antiquité. Aujourd'hui encore, ses principaux débouchés restent la parfumerie et la pharmacie.

La lavande fine a fait l'objet de sélections variétales : la Maillette, *la* Matheronne *sont les plus connues. Malgré cela, ce sont surtout des lavandes de population[10] qui sont cultivées.*

"Lavande fine de Haute Provence" : *pour faire face aux importations abusives et aux produits de synthèse, les producteurs de lavande fine ont obtenu en 1981, la reconnaissance d'une appellation d'origine. Seule pourra répondre à l'appellation* "Lavande fine de Haute Provence", *la lavande cultivée entre 800 et 1500 m dans les départements du Vaucluse, des Alpes-de-Haute-Provence, des Hautes-Alpes et de la Drôme.*

La Lavande aspic

(Lavandula latifolia Medicus)

Chaque glomérule de fleurs est muni de deux bractées linéaires, vertes, feuilles blanchâtres, en spatule, odeur forte, camphrée. Collines et basses régions chaudes. Essence très camphrée utilisée dans les peintures et les vernis. L'aspic n'est pas cultivé chez nous. L'Espagne en est par contre le grand producteur.

Le Lavandin

L'hybridation naturelle entre la lavande vraie et l'aspic dans leurs zones de contact, a donné les lavandins sauvages, appelés localement "grande lavande", "grosse lavande", ou "lavande bâtarde". Comme tout hybride, le lavandin est stérile. On le multiplie par boutures, ce qui produit une lignée uniforme, appelée "clone". Cela explique l'aspect homogène et régulier des champs de lavandin, par rapport aux champs de lavande qui peuvent connaître des variations de couleurs et de tailles des plants. Le lavandin a fait l'objet de nombreuses sélections qui ont abouti à la mise au point d'espèces aujourd'hui très répandues : le Grosso, l'Abrial, le Super, etc. Sa teneur en huile essentielle est plus élevée que chez la lavande vraie, mais la qualité est très inférieure (beaucoup de camphre). L'essence de lavandin a seulement des emplois industriels (détergents, savonneries) encore que la médecine populaire bas-alpine l'emploie comme celle de la lavande vraie, seule officinale au regard du Codex. De 1925 à 1980, la production d'essence

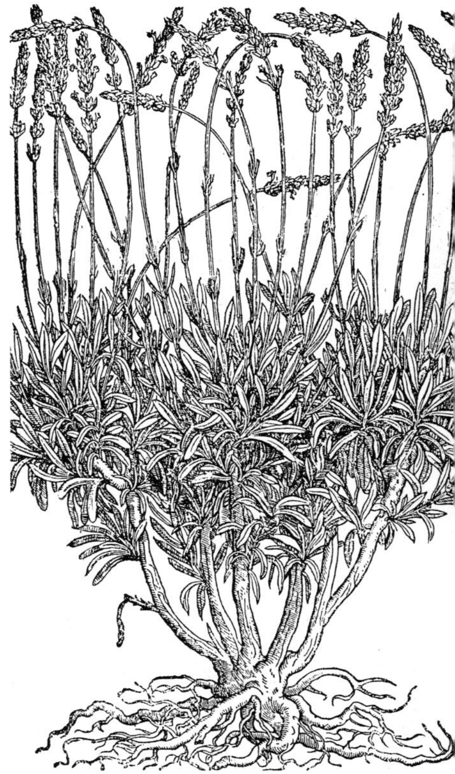

Lavande officinale.

"Le Bas-Alpin", 15 septembre 1907.

SIMIANE

La Lavande.— La récolte de la Lavande touche à son terme. Elle a été très fructueuse ; 200.000 k. environ ont été coupés dans notre région ce qui a raison de 15 à 16 fr les 100 k. représente pour nos populations un gain de 3 000.000 et plus.

Les propriétaires, les coupeurs et les distillateurs font cette année d'excellentes affaires.

cuttings which produces a uniform line of species called a "clone". This explains the regularity of lavandin fields as opposed to the variable colour and size of plants in a seed lavender field. Lavandin has undergone several selections and many popular varieties have been developed: the Grosse, Abrial, Super, etc. Lavandin has a higher essential oil content than true lavender, but its quality is greatly inferior (too much camphor). Lavandin oil is used only for industrial purposes (detergent, soap), although the Basses-Alpines employ it in home remedies the same way they do true lavender.

Production of lavandin increased from 0 to 1,000 tons from 1925 to 1980. After suffering successive crises from 1960-1970 its market is now stable. Despite competition from other regions (the Rhone-Alps region since 1970) Haute Provence is still the major producer of lavandin.

A few uses of lavandin:
- *thermal insulation,*
- *building materials (mixed with clay),*
- *fibreboard panels,*
- *food for animals (granulated supplements),*
- *compost,*
- *domestic heating,*
- *penetrating oil for machines.*

Distillery: Le Brusquet. On rte. D950, in the S curve between Banon and Revest-du-Bion. Visits possible from mid-July to late August. Sage, lavender, lavandin.

Coupe de la lavande, plateau d'Albion, 1981.

Der Lavandin

Die in den Kontaktzonen stattgefundene natürliche Hybridisierung zwischen echtem Lavendel und breitblättrigem ergab den wilden Lavandin, örtlich "grosser Lavendel" oder "Bastardlavendel" genannt. Wie jede hybride Pflanze, so ist auch der Lavandin steril. Man vermehrt ihn durch Stecklinge, was eine einheitliche Rasse ergibt, die man "Clone" nennt. So erklärt sich der homogene und regelmässige Eindruck, den Lavandinfelder im Gegensatz zu echten Lavendelfeldern machen, bei denen sowohl die Farbe als auch die Grösse der Pflanzen variieren. Der Lavandin war Objekt zahlloser Selektionen, die zu folgenden, heute weit verbreiteten Varianten führten : der Grosse, der Abrial, der Super usw. Sein Gehalt an essentiellen Ölen ist viel höher als beim echten Lavendel, aber die Qualität ist geringer (viel Kampher). Die Lavandin-Essenz wird nur für industrielle Zwecke verwendet (Detergentien, Seife), auch wenn die Volksmedizin sie wie den echten Lavendel verwendet, der jedoch nach dem Arzneimittelkodex allein für medizinische Verwendung zugelassen ist. Von 1925 bis 1980 stieg die Erzeugung von Lavandin-Essenz von 0 auf 1000 Tonnen. Nach den aufeinanderfolgenden Krisen der Jahre 1960-1970 ist der Markt jetzt regularisiert. Die Hochprovence bleibt trotz der Konkurrenz neuer Erzeugerzonen (Region Rhône-Alpes seit 1970) die grosse Erzeugerin.

Einige neue Verwendungen für den Lavandin :
- *Fabrikation von Wärmeisolierungen*
- *Baumaterial als Zumischung zu Tonerde*
- *Herstellung von Press-Spanplatten*
- *Tierfutter (Zumischung in Form von Granulat)*
- *Kompost*
- *häuslicher Brennstoff*
- *Schmirgelmittel für Maschinen.*

Besuch einer Destillerie : Le Brusquet. An der D 950 in der S-Kurve zwischen Banon und Revest-du-Bion. Besichtigung zwischen Julimitte und Augustende (Salbei, Lavendel, Lavandin).

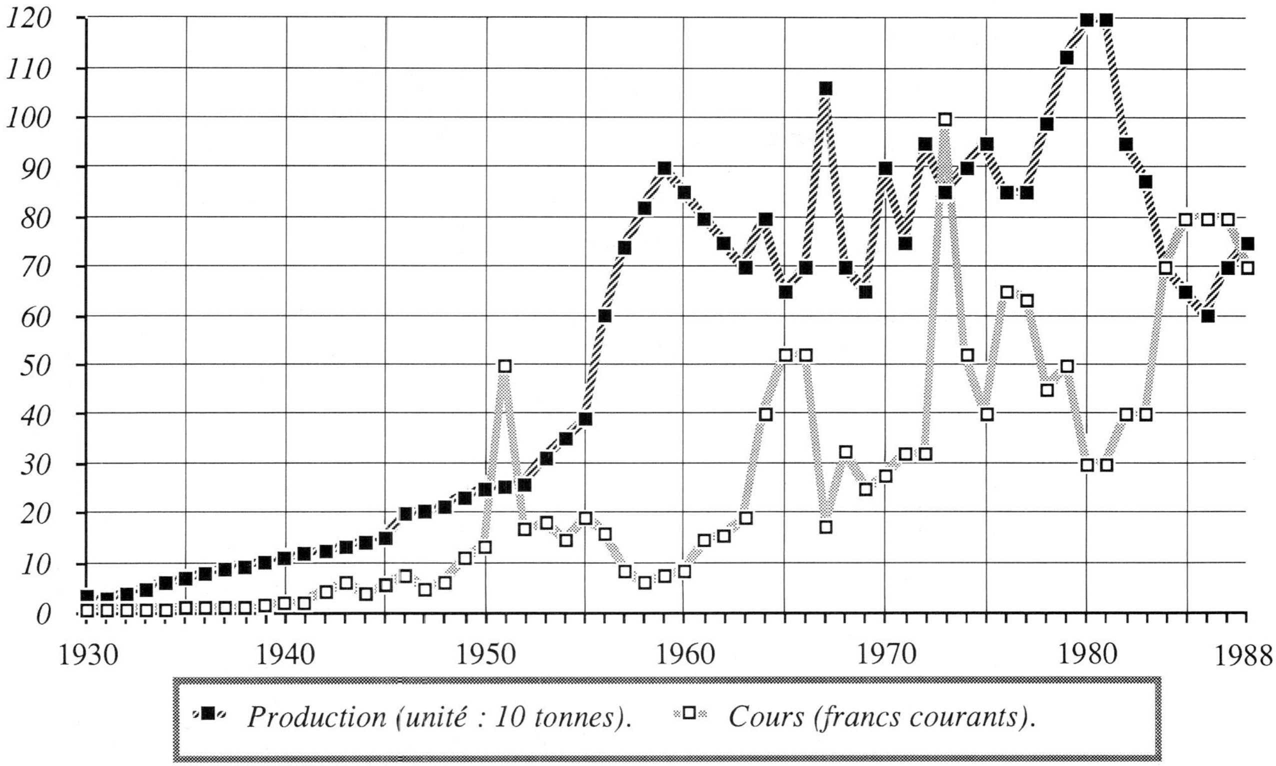

de lavandin est passée de 0 à 1 000 tonnes. Après les crises successives des années 1960-1970, le marché est aujourd'hui régularisé. La Haute Provence, malgré la concurrence de nouvelles zones de cultures (région Rhône-Alpes depuis 1970), reste grande productrice.

(Statistiques : évolution de la production de 1930 à 1988 ; cf. DDA 04.)

Les usages nouveaux de la paille de lavandin :
- *fabrication d'isolants thermiques,*
- *matériau de construction (en mélange avec de l'argile),*
- *fabrication de panneaux de particules,*
- *alimentation animale (en complément sous forme de granulés),*
- *compost,*
- *chauffage domestique ;*

et de l'essence :
- *dégrippant pour les machines.*

Distilleries à visiter : Le Brusquet. Sur la D 950, virage en S entre Banon et le Revest-du-Bion. Visite possible de la mi-juillet à la fin août (sauge, lavande, lavandin).

Production et cours de l'essence de lavandin dans les Alpes-de-Haute-Provence (1930-1988). Source : Dir. dép. de l'Agriculture.

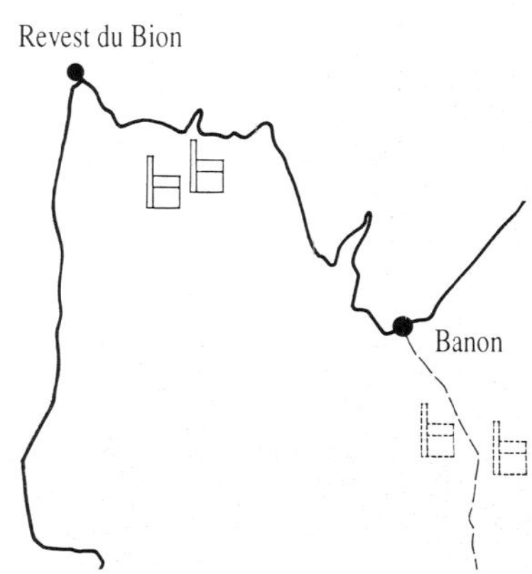

Banon

Banon is an old fortress city built tumbling down a rocky peak. It is famous for its goat (and sheep) cheese wrapped in a chestnut leaf.

Like most villages in the Lure benchland, Banon has an old tradition of gathering and growing lavender. Today it is a major centre for lavandin, but the straight regular seams of plants you see have not always been like that. Until about 1955 lavandin was planted in square patches enabling harvesters to walk around the plants, but when reaping machines were introduced the plants had to be bunched together and lined up. Wider space was also left between rows to leave room for the reapers. Here too, clary plantations have their place.

You will find several distilleries along your road. All are privately-owned. In 1921 there were eight; five still remained in 1988.

Banon Syndicat d'Initiative: 92 76 25 85.
Visit: Maurel Distillery, at D12-D112 crossroads (road to Rochegiron). Running from July to September. Clary, lavandin, lavender.

From Banon to the Rocher d'Ongles

On your way from Banon to the Rocher d'Ongles you should take time for a detour through Saumane, Hospitalet, and Lardiers, small villages with a rich tradition of lavender and aromatics.

These villages presently grow lavender, lavandin and clary, so you must try to imagine what they were like before the first World War when all these plants grew wild. At that time they say the Montagne de Lure was less wooded than it is today and the hills were blue with wild lavender. In the "badassières" (heaths of aromatics) groups of harvesters cut the plants with a scythe and stuffed one sheaf after another into a "saquette" strung across their backs. For the local villagers gathering lavender was a good way to earn quick cash without neglecting their other farm chores. Local gatherers were gradually replaced, however, by groups from the Italian Piedmont region who brought along their whole family and their own tools. They spoke a common language, Provençal, and quickly became a familiar sight. These workers were paid by the weight of the flowers they harvested. After the harvest was weighed, the lavender was arranged in regular piles, called "marres", to dry in the sun a few days before distillation.

The still was a large copper vat heated over a wood fire, which was moved from one harvest site

Banon

Auf einem Felsrücken erbaut, ist Banon ein alter, befestigter Ort, der für seinen in Esskastanienblätter eingewickelten Ziegen- und Schafskäse berühmt ist.

Wie die meisten Dörfer am Fusse der Montagne de Lure hat auch Banon eine alte Tradition des Anbaus und Pflückens von Lavendel. Heute ist Banon ein wichtiges Zentrum des Lavandinanbaus. Die Felder, auf denen Sie heute den Lavandin in langen, geraden und regelmässigen Linien aufgereiht sehen, waren nicht immer so. Bis ungefähr 1955 pflanzte man den Lavandin in Quadraten. So konnte man um die Pflanze herumgehen, wenn man sie schnitt. Mit dem Aufkommen der Schneidemaschinen musste man die Pflanzenstöcke dichter hintereinander und in Reihen anpflanzen, zwischen denen man gleichzeitig den Abstand vergrössern musste, damit die Maschinen passieren können. Auch hier hat sich der Salbei einen Platz erkämpft.

Auf Ihrem Weg kommen Sie an verschiedenen Destillerien vorbei. Es sind private Anlagen. Im Jahr 1921 zählte man 8, 1988 sind es noch 5.

Verkehrsbüro (Syndicat d'Initiative) in Banon: Tel. 92 76 25 85.
Besichtigunbgsmöglichkeit : Destillerie Maurel an der Kreuzung der D 12 mit der D 112 (Strasse nach Rochegiron). In Betrieb von Juli bis September : Salbei, Lavandin und Lavendel.

Von Banon nach Rocher d'Ongles

Um von Banon nach Rocher d'Ongles zu kommen, lohnt es sich, den Umweg über Saumane, l'Hospitalet und Lardiers zu nehmen, kleine Dörfer, reich an alter Pflücktradition.

Wenn diese Dörfer heute Lavendel, Lavandin und Salbei anpflanzen, kann man sich denken, was ihre Produktion bis zum Beginn des Ersten Weltkriegs war. Man erzählt, dass damals die Montagne de Lure weit weniger bewaldet war als heute, und dass die Hügel blau waren von wildem Lavendel. In den "Badassières" (Heiden) schnitten die Pflückermannschaften die Pflanzen mit der Sichel und stopften sie bündelweise in die "Saquette" (einen Sack), die auf ihrem Rücken hing. Die Dorfbewohner, denen das Pflücken des Lavendels frisches und schnell verdientes Geld brachte, ohne dass dadurch die anderen Kulturen beeinträchtigt worden wären, wurden bald durch piemontesische Erntekolonnen ersetzt, die ihre ganzen Familien und ihre Werkzeuge mitbrachten

Banon

Bâti sur un piton rocheux, Banon est un vieux bourg fortifié (portail à mâchicoulis du XIVe siècle), célèbre surtout pour ses fromages de chèvre (et brebis) affinés dans des feuilles de châtaignier.

Comme la plupart des villages du piémont de Lure, Banon a une très vieille tradition de cueillette et de culture de la lavande. Aujourd'hui Banon est un centre important de culture du lavandin. Les champs que vous voyez aligner des rangées bien régulières et bien droites de plantes, n'ont pas toujours été ainsi. Jusqu'en 1955 environ, les lavandins étaient plantés en carrés, ce qui permettait de tourner autour de la plante pour la couper ; mais avec la mise au point des machines à couper, il a fallu aligner les pieds et les rapprocher, tout en élargissant l'espace entre les raies pour laisser passer les machines. Ici également, la sauge sclarée a conquis sa place. On pratique l'ensilage qui oblige à distiller la plante fraîche, sans séchage préalable. L'essence de sauge ensilée est, dit-on, d'un rendement supérieur mais de qualité inférieure, semblable à celle qu'on importe de Russie.

Sur votre route, vous rencontrerez plusieurs distilleries. Ce sont des bâtiments privés. On en comptait 8 en 1921. Il y en a encore 5 en 1988.

Syndicat d'Initiative de Banon : 92 76 25 85.
Visite possible : distillerie Maurel, au carrefour de la D12 et de la D112 (route de la Rochegiron).
Fonctionne de juillet à septembre : sauge sclarée, lavandin, lavande.

De Banon au Rocher d'Ongles

On peut se rendre directement de Banon au Rocher d'Ongles par la D 950 mais ce serait dommage de ne pas faire le détour par Saumane, l'Hospitalet, Lardiers, ces petits villages riches d'une forte tradition de cueillette.

Si aujourd'hui ces villages cultivent lavande, lavandin et sauge sclarée, on peut imaginer ce qu'était leur production jusqu'au lendemain de la guerre de 1914. A l'époque, dit-on, la montagne de Lure était beaucoup moins boisée qu'aujourd'hui et les collines étaient bleues de lavande sauvage. Dans les "badassières", des équipes de cueilleurs tondaient les plantes à la faucille et les fourraient gerbe après gerbe dans la "saquette" qui pendait sur leur dos. Les habitants des villages, à qui la cueillette des lavandes procurait un argent frais, vite gagné, sans empiéter sur les autres travaux agricoles, furent peu à peu remplacés par des équipes de Piémontais, qui venaient en famille en apportant leurs outils et qu'une langue commune, le provençal, rendaient familiers à nos Hauts-Provençaux. Les ouvriers étaient payés au poids de fleurs récoltées. Après pesage de la récolte, la lavande était mise en tas réguliers, les "marres", qui séchaient quelques jours avant le passage à l'alambic. Celui-ci, grosse cuve de cuivre qu'on chauffait au bois et qu'on déplaçait sur les lieux de cueillette, a ensuite été maçonné, avec un foyer pour le bois, un couvercle qu'on pouvait soulever avec un palan, et une arrivée pour l'eau destinée à refroidir le serpentin. C'est une distillerie de ce type qu'on peut encore voir entre l'Hospitalet et Lardiers, au col de Buire : malgré son état d'abandon, on en distingue encore fort bien les différents éléments (la cuve, le foyer, le serpentin) ainsi que le bassin aménagé pour recueillir l'eau destinée au refroidissement du serpentin[6]. De

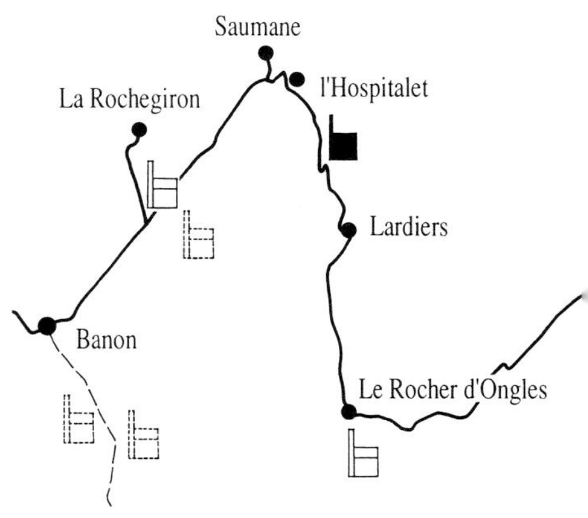

to another. Later stills were cemented in place, with a firebox for the wood, a cover maneuvered with a hoist, and a water pipe to cool the worm (condensing tube). You can still see one of these old stills along the Hospitalet-Lardiers road at the Col de Buire: despite its abandoned appearance you can still make out its different parts (vat, firebox, worm) as well as the basin that collected water to cool the worm. The worm released oil and distilled water which was later separated in the "essencier". The perfumed water was popular with the young women of the village who washed their hair and rinsed their dresses with it. A bit of essential oil was also kept for medicinal purposes.

The harvesters sold the lavender in lots to the distiller who produced and marketed the oil himself; only later planters begin producing the oil as well. Lavender was always a profitable venture. As an old saying goes "A good badassière is worth more than a wheat field."

The "Herbalists of Lure"

Darluc, in his Natural Hystory of Provence (1780), *writes that in these villages and in Saint-Etienne-les-Orgues, the "Druggist's" tradition had been handed down from father to son "since time immemorial". The so-called "herbalists of Lure" gathered all sorts of medicinal herbs. They traded and produced various types of extracts, herbal teas, liqueurs, and ointments, which they sold throughout France. In the 18th century 60 peddler-druggists were numbered in Saint-Etienne-les-Orgues, 8 in Lardiers, 2 in Limans, and 1 in Cruis. In any case, this activity must have been fairly lucrative; it is reported that some families earned enough from plants to build the beautiful homes along the road near Lardiers or Saint-Etienne.*

Traditional uses for lavender:

- *Perfumery: lavender water, scented baths.*
- *Home remedies: antispasmodic (soothes nervous disorders: migraines, vertigo, dizziness, coughs, bronchitis); antiseptic (kills germs, used to treat the flu and fevers); dewormer in children; used on wounds and ulcers, sprains, bruises; helps digestion; soothes rhumatism pains; anti-venomous; treats hair lice, etc.*
- *"Four Robbers Vinegar" taken against the plague.*
- *Veterinary medecine: used to treat sheep for wounds, lameness in horses, snake-bite (popular in Haute Provence against vipers).*
- *Moth-proofing.*
- *Tobacco substitute.*

und durch die gemeinsame Sprache, das Provenzalische, den Hochprovenzalen vertraut waren. Die Arbeiter wurden nach dem Gewicht der geernteten Blüten bezahlt. Nach dem Wiegen wurde der Lavendel auf gleichmässige Haufen, die "marres" geschüttet, wo er noch einige Tage trocknete, bis er in den Destillierkolben kam. Dieser, ein grosser Kupferbehälter, den man mit Holz heizte und den man an den Ort der Aberntung transportierte, wurde dann eingemauert mit einer Brennkammer für das Holz, einem Deckel, den man mittels einer Winde heben konnte, und einer Wasserzuleitung, um die Kühlschlange zu kühlen. Eine Destillerie dieses Typs kann man noch zwischen l'Hospitalet und Lardiers auf dem Pass von Buire sehen : trotz ihres aufgelassenen Zustandes kann man noch sehr gut die verschiedenen Bestandteile (den Behälter, die Brennkammer und die Kühlschlange) erkennen, sowie das Bassin, um das Kühlwasser wieder aufzufangen. Aus der Kühlschlange lief die Lavendelessenz und destilliertes Wasser heraus, welche anschliessend im "essencier" getrennt wurden. Das parfümierte Wasser war damals von den Dorfschönen begehrt, um sich damit die Haare zu waschen oder die Kleider zu spülen. Von der Essenz behielt man immer einen kleinen Vorrat wegen der medizinischen Eigenschaften. Damals verkauften die Pflücker losen Lavendel an die Destillateure, die auf eigene Rechnung die Essenz erzeugten und vertrieben. Seinerzeit brachte der Lavendel ein gutes Einkommen. Man sagte damals gern : Eine gute "badassière" (Lavendelheide) ist mehr wert als ein Kornfeld.

Die Kräutersammler der Montagne de Lure

Darluc erzählt in seinem Werk "Histoire naturelle de la Provence, 1780" (Naturgeschichte der Provence), dass man auf den Dörfern und so auch in Saint-Etienne les Orgues seit undenklichen Zeiten vom Vater auf den Sohn "Drogist" war. Jene, die man "Herboristes de Lure" (Kräutersammler von Lure) nannte, sammelten auf den Bergen alle möglichen Arten von Heilpflanzen, die sie vertrieben und aus denen sie Extrakte, Aufgüsse, Liköre und verschiedene Salben fabrizierten, die sie anschliessend in ganz Frankreich verkauften. Im 18. Jahrhundert findet man in Saint-Etienne 60 hausierende Drogisten, 8 in Lardiers, 2 in Limans, einen in Cruis. Jedenfalls war der Handel bedeutend genug, so dass man sich erzählt, verschiedene Familien, die durch den Pflanzenhandel reich wurden, hätten sich die schönen Häuser erbauen

celui-ci s'échappaient l'essence et l'eau distillée séparées ensuite dans l'essencier (dessin en coupe d'un essencier). Cette eau parfumée était alors recherchée par les jeunes filles du village pour se laver les cheveux et rincer leurs robes. Quant à l'essence, on en conservait toujours un peu pour ses vertus médicinales. A ce moment là, les cueilleurs vendaient la lavande en vrac au distillateur qui produisait et commercialisait pour lui-même l'essence. Ce n'est que plus tard que les producteurs de plantes sont aussi devenus producteurs d'essence. La lavande était alors de bon rapport. On disait volontiers "Bonne badassière vaut mieux que champ de blé".

Cueilleurs de lavande dans la montagne de Lure (au-dessus de Saint-Etienne les Orgues), vers 1905.

Les "Herboristes de Lure"

Darluc, dans son ouvrage Histoire naturelle de la Provence *(1780), raconte en effet que dans ces villages, Saint-Etienne les Orgues y compris, on était droguiste de père en fils "depuis un temps immémorial". Ceux qu'on appelait les "herboristes de Lure" ramassaient dans la montagne toutes sortes de plantes médicinales, la valériane, la véronique, l'absinthe, la gentiane, l'aconit, le thym, la lavande, l'aigremoine et bien d'autres encore, dont ils faisaient commerce et fabriquaient extraits, tisanes, liqueurs ou pommades variées. Darluc ajoute que la plupart allaient "vendre leurs drogues dans les diverses provinces du royaume". Au* XVIIIe *siècle, on trouve 60 colporteurs droguistes à Saint-Etienne les Orgues, 8 à Lardiers, 2 à Limans, 1 à Cruis. En tout cas, ce commerce a dû être suffisamment important pour qu'on raconte que c'est avec l'argent des plantes que les familles enrichies ont pu faire construire les belles maisons qui jalonnent la route du côté de Lardiers ou de Saint-Etienne.*

Les usages traditionnels de la lavande

- Parfumerie : eau de lavande, bains parfumés,
- Médecine populaire : antispasmodique (calme les troubles nerveux : migraines, vertiges, étourdissements, toux, bronchite) ; antiseptique (détruit les microbes : contre la grippe, les fièvres) ; pour tuer les vers intestinaux des enfants ; vulnéraire (soigne les plaies, les ulcères) ; stomachique (bonne pour la digestion) ; foulures, entorses, contusions ; douleurs rhumatismales ; antivenimeuse ; chasse les poux de la tête, etc.
- Vinaigre des Quatre voleurs, contre la peste.
- Médecine vétérinaire : pour soigner les plaies des moutons, contre les courbatures des chevaux, contre les morsures de vipères (très connu en Haute Provence).

- Scented sachets for wardrobes.

In 1917 there was a lavender boom. Rumours spread that it was used to produce gunpowder. In 1968 a similar rumour circulated that lavandin went into the composition of napalm bombs.

Respecting the plantations:

The lavender and lavandin you will see on your visit have all been planted. The fields are private property, and picking lavender for your own bouquets will deprive local farmers of their harvest. If you wish to pick lavender you can take a pleasant walk into the hills where plenty is growing.

(L'abbé Clovis Preyre a été curé de Simiane puis de Dauphin de 1931 à 1956.)

The Rocher d'Ongles

The Rocher d'Ongles is one of the most admirable sites of Haute-Provence, looming over the crossroads. In the shade of the rock is one of our itinerary's largest distilleries. This cooperative (CUMA) has 20 members and produces a wide variety of essences: lavender, lavandin, and clary, as well as hyssop, thyme, and savory.

The distillery is open for visits all summer.

The small turn-of-the-century stills which mostly belonged to the harvesters have evolved into

können, die sich entlang der Strasse von Lardiers oder Saint-Etienne aufreihen.

Traditionelle Anwendungen des Lavendels

- Parfümerie : Lavendelwasser, parfümierte Bäder.
- Volksmedizin : krampflösend (beruhigt bei nervösen Störungen wie Migränen, Schwindel, Benommenheit, Husten, Bronchitis), antiseptisch (vernichtet Mikroben, gegen Grippe und Fieber), um Würmer des Verdauungstrakts bei Kindern abzutöten, als Heilmittel bei offenen Wunden und Geschwüren, Magenmittel (gut für die Verdauung), bei Verstauchungen, Verrenkungen, Quetschungen, bei rheumatischen Schmerzen, Gegengift, vertreibt Kopfläuse usw.
- "Vier-Räuber-Essig" gegen die Pest.
- Tiermedizin : zur Behandlung von Wunden der Schafe, gegen die Steife bei Pferden, gegen Schlangenbisse (in der Hochprovence sehr bekannt).
- Vertreibt Ameisen.
- Tabakersatz.
- Parfümiert die Kleiderschränke.
- Lavendel-Boom im Jahr 1917. Das Gerücht geht um, dass er zur Herstellung von Schiesspulver verwendet wird. 1968 beschuldigt ein ähnliches Gerücht den Lavendel, ein Bestandteil der Napalmbomben zu sein.

Respektieren Sie die Kulturen

Lavendel und Lavandin, die Sie auf Ihrem Ausflug sehen, sind angebaute Pflanzen. Die Felder sind Privateigentum. Pflücken Sie bitte keine Sträusse, denn Sie berauben den Bauern eines Teils seiner Ernte. Wenn Sie Lavendel pflücken wollen, dann fehlt es nicht an wilden Hügeln, und das mag Sie zu einer schönen Wanderung veranlassen.

Le Rocher d'Ongles (Der Fels von Ongles)

So bewundernswert seine Lage auch ist, so überragt dieser die Strasse beherrschende Fels doch auch eine der bedeutendsten Destillerien unseres Ausflugs. Es handelt sich um eine Genossenschaft von 20 Mitgliedern. Man erzeugt hier eine Vielzahl von Essenzen : Lavendel, Lavandin, Salbei, aber auch Ysop, Thymian und Pfefferkraut.

Besichtigungsmöglichkeit der Destillerie im Sommer.

Auf die kleinen Destillierkolben vom Anfang des Jahrhunderts, die oft den Erntenden selbst gehörten,

- *Antimite.*
- *Remplace le tabac.*
- *Parfume les armoires.*
- *En 1917, Boom de la lavande. La rumeur raconte qu'elle entre dans la fabrication de la poudre à canon. En 1968, une rumeur semblable accuse le lavandin d'entrer dans la composition des bombes au napalm.*

Respectez les cultures

Les lavandes et lavandins que vous verrez sur votre parcours sont des plantes cultivées. Les champs sont des propriétés privées. N'y faites pas vos bouquets, vous priveriez l'agriculteur de sa récolte. Si vous souhaitez cueillir de la lavande, les collines n'en manquent pas et cela sera l'occasion d'une belle promenade.

Le Rocher d'Ongles

Site admirable s'il en est, le rocher qui domine un croisement de routes, surplombe aussi une des distilleries les plus importantes du parcours. Il s'agit d'une distillerie coopérative (CUMA) qui réunit 20 coopérateurs. On y produit une grande variété d'essences : lavande, lavandin, sauge sclarée, mais aussi hysope, thym, sarriette.

Visite possible de la distillerie pendant les mois d'été.

Aux petits alambics du début du siècle, qui appartenaient souvent aux récoltants, ont succédé des appareils de plus en plus perfectionnés et de capacité plus grande. Ces modifications ont entraîné la concentration des moyens de transformation entre les mains des producteurs les plus importants. Aujourd'hui, les grandes distilleries industrielles appartiennent généralement à des groupements de producteurs (Coopératives, CUMA). Les distilleries privées sont souvent de capacités moindres et plus anciennes.

Comment fonctionne une distillerie moderne ?

Les distilleries modernes comprennent en général deux vases de 5 à 6 000 litres chacun. Une chaudière commune produit la vapeur, qu'au moyen d'une vanne on dirige vers l'un ou l'autre. Pendant que la distillation se fait dans un vase, on peut s'occuper de décharger et charger l'autre vase.

Ces installations de chauffe et vases sont installés sous une plate-forme, où seuls affleurent les couvercles des vases rendus ainsi très accessibles pour toutes les manipulations (chargement à la fourche, déchargement en sortant le "panier" au moyen d'un palan) et une trappe qui permet d'alimenter le foyer avec les pailles distillées.

Un système d'arrivée d'eau permet de refroidir en permanence le serpentin. Il faut une très grande quantité d'eau pour faire fonctionner une distillerie, ce qui explique qu'elle soit le plus souvent installée près d'un cours d'eau.

Une distillerie moderne permet de distiller 1 000 à 1 200 kg de paille de lavande par "passe" de 30 à 40 minutes.

Saint-Etienne les Orgues

Ici aussi la proximité de la montagne de Lure apporte la richesse végétale. Aux droguistes des temps anciens ont succédé les cueilleurs de lavande sauvage. En 1914, on y distille aussi l'absinthe qui donne "l'essence noire", extrêmement toxique, et qui sera par la suite interdite. En 1988, la commune produit essentiellement du lavandin et ne compte plus qu'une distillerie privée.

Page de droite :
distillerie en cours de construction (Aubenas, 1989). Avant que les bardages et la plate-forme de desserte ne les cachent, on peut voir les "entrailles" de la future distillerie.
Derrière, les deux vases pour les plantes : celui de droite (derrière l'échelle) est un vase simple ; celui de gauche est enveloppé par la chaudière qu'alimente en flamme le foyer (à l'extrême-gauche de l'image).
Surélevés, les trois échangeurs de condensation. Le grand bassin central, dans lequel tournent deux circuits indépendants de serpentins, commence le refroidissement de la vapeur chargée d'essence. En même temps, par l'échange des calories, il préchauffe et stocke temporairement l'eau qui sera ensuite introduite dans la chaudière puis injectée dans l'un ou l'autre des vases.
La condensation se poursuit dans les deux échangeurs latéraux – chacun correspondant au vase voisin.
Dès son premier été de fonctionnement, cette distillerie a pu ainsi traiter simultanément deux plantes différentes.

increasingly perfected equipment of a larger capacity. These developments have led to a concentration of processing means into the hands of the largest producers. Today the large industrial distilleries generally belong to groups of producers (Cooperatives, CUMAs). Private distilleries are smaller and less modern.

How a Modern Distillery works

Modern distilleries usually consist of two 5,000-6,000 liter vats. A common boiler produces the vapour which a valve distributes to the vats. While one vat is distilling the other can be unloaded and reloaded.

A platform is built around the heating and vat installations. Only the vat covers are in view which makes them accessible for all manipulations (loading with a pitchfork, unloading by hoisting the basket ("panier") out of the vat). There is a trapdoor at the side to feed the boiler with the residu of distilled lavender straw.

A water induction system permanently cools the worm. A large amount of water is needed to run a distillery, which explains why they are often located next to a waterway.

A modern distillery can distill up to 1,000-1,200 kg of lavender straw during each 30-40 minute batch, or "passe".

Saint-Etienne-les-Orgues

Here too the proximity of the Montagne de Lure has given this area a wealth of plant diversity. The oldtime druggists eventually gave way to harvesters of wild lavender. In 1914 absinthe was also distilled, this extremely toxic "black essence" which was later prohibited. In 1988 the town mainly produced lavandin and only one private distillery remained.

Bees and Lavender

Hives are often placed near plantations of hyssop, thyme, savory, rosemary, and most other species of the mint family since they are all valuable honey-bearing plants. Because their flowering is spread out over a long period of time they have a high nectar yield. Beekeeping has been associated with lavender for centuries: lavender honey is popular because of its delicate savoury taste, and lavender is especially favourable to honey production.

The beekeeper thus needs the lavender grower. But the opposite is also true for the action of bees causes a 10-15% increase in essence yield of lavender

folgten immer perfektioniertere Geräte mit grösserer Kapazität. Diese Entwicklung führte zu einer Konzentration der Verarbeitungsgeräte in den Händen der bedeutendsten Erzeuger. Heute gehören die grossen, industriellen Destillerien meist Erzeugervereinigungen (Coopératives, CUMA). Die privaten Destillerien sind meist von kleinerer Kapazität und auch älter.

Wie funktioniert eine moderne Destillerie ?

Die modernen Destillerien haben meistens zwei grosse Tanks mit je 5 bis 6000 Litern Inhalt. Ein gemeinsamer Heizkessel erzeugt den Dampf, der mittels eines Ventils in den einen oder andern Tank geleitet wird. Während im einen Tank die Destillation vor sich geht, kann man den andern Tank entladen und neu beschicken.

Diese Tanks und die Feuerung sind unter einer Plattform installiert, aus der lediglich die Deckel hervorstehen. So sind die Tanks für alle anfallenden Arbeiten leicht zugänglich (Laden mit der Gabel, Entladen durch Herausziehen des Korbes mittels einer Winde). Eine Klappe im Boden erlaubt es, das Feuer mit destilliertem Stroh zu unterhalten.

Eine Wasserzuleitung ermöglicht die ständige Kühlung der Kühlschlange. Man braucht eine sehr grosse Menge Wassers, um eine Destillerie zu betreiben, und das erklärt, warum sie meist an einem Wasserlauf steht.

Eine moderne Destillerie kann 1000 bis 1200 kg Lavendelstroh pro Durchgang ("passe") von 30 bis 40 Minuten verarbeiten.

Saint-Etienne les Orgues

Auch hier bringt die Nähe zur Montagne de Lure einen grossen Pflanzen- reichtum mit sich. Auf die Drogisten der alten Zeiten folgten die Sammler des wilden Lavendels. Im Jahr 1914 destillierte man hier auch den Absinth (Wermut), der die "schwarze Essenz" ergibt, die ausserordentlich giftig ist und später verboten wurde. 1988 erzeugt die Kommune hauptsächlich Lavandin und hat nur noch eine einzige private Destillerie.

Der Lavendel und die Bienen

Ysop, Thymian, Pfefferkraut, Rosmarin und die meisten Lippenblütler sind wertvolle Honiglieferanten. Die Bienenstöcke werden oft in ihrer Nähe aufgestellt. Ihr Blüte, die sich zeitlich verteilt, ermöglicht einen bedeutenden Ertrag. Die Verbindung zwischen Lavendel und Imkerei ist schon alt. Der Lavendelhonig ist wegen seiner Feinheit und seines Geschmacks sehr gesucht und die Honigbeute begünstig die Honigproduktion. Der Imker ist also auf den

La lavande et l'abeille

L'hysope, le thym, la sarriette, le romarin et la plupart des labiées sont des mellifères de valeur. Les ruches sont souvent placées à proximité de leurs aires de croissance. Leur floraison, échelonnée dans le temps, permet un rendement important. L'association de l'abeille et de la lavande est ancienne. Le miel de lavande est très recherché pour sa finesse et sa saveur, et le butinage des lavandes est favorable à la production de miel. L'apiculteur a donc besoin du lavandiculteur. Mais l'inverse est vrai aussi car l'action des abeilles augmente le rendement en essence des lavandes et lavandins de 10 à 15 % et assure la pollinisation des lavandes.

Toutes les zones productrices de lavande accueillent des ruchers importants : on y organise la transhumance des abeilles depuis les régions non lavandicoles, le lavandiculteur étant généralement rémunéré en miel. Mais beaucoup de producteurs de lavande sont eux-mêmes apiculteurs et possèdent leurs propres ruches.

☞ **Syndicat d'Initiative de Saint-Etienne : 92 76 02 57.**

Estragon.

and lavandin, and ensures pollinization of the lavender.

All areas producing lavender are host to a great number of hives. Bees are transported from areas where lavender does not grow, and the lavender grower is most often compensated in honey. Many growers, however, also keep bees and produce their own honey.

Saint-Etienne Syndicat d'Initiative: 92 76 02 57

Cruis-Montlaux

The village of Cruis is well worth the visit. A programme to enhance its rich historical past is currently underway. Montlaux is one of these picturesque little villages of stately old farm manors. Here lavandin and find lavender also grow on the slopes of Lure, but the main specialty is tarragon.

Tarragon

(Artemisia Dracunculus L.)

Frequently found in vegetable gardens, tarragon is a sagebrush that is now more appreciated for its culinary than its medicinal properties. Native to southern Russia and Asia, the plant was brought to the West by Crusaders in the 12th century. The plant was reputed among Arabs; in the 11th century Avicenna prescribed it as a protection against the Plague. Tarragon has numerous therapeutic properties: antiseptic, pain reliever, aperitif, bringing on menstruation, stimulant, dewormer.

Tarragon was distilled in Italy during the last century, but was not added to the list of Haute-Provence aromatics until after World War II. There are two types of tarragon on the market: Russian tarragon, and French tarragon which is a clone of the former variety. Only French tarragon is grown for essential oil.

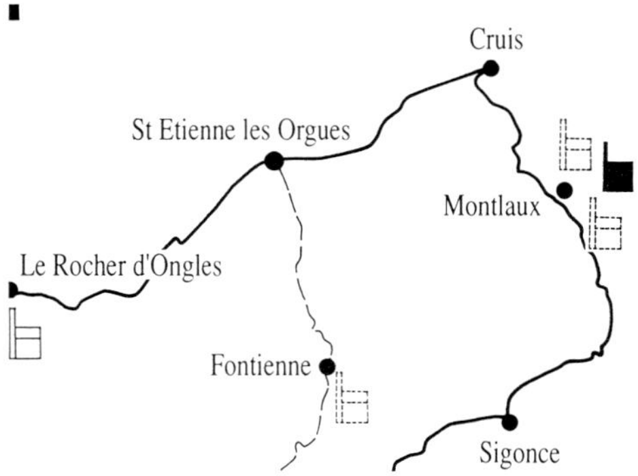

LAVENDEL

Lavendelbauern angewiesen. Aber auch das Umgekehrte trifft zu, denn das Werk der Bienen steigert auch die Ausbeute an Lavendelessenz um 10 bis 20 % und sichert die Bestäubung des Lavendels.

Alle Lavendel produzierenden Gebiete nehmen bedeutende Bienenstände bei sich auf. Man organisiert richtige Wanderungen aus Gebieten, wo kein Lavendel wächst. Der aufnehmende Lavendelbauer wird dabei meist in Honig entschädigt. Viele Lavendelanbauer sind jedoch selbst Imker und besitzen eigene Bienenstöcke.

Syndicat d'Initiative von Saint-Etienne : 92 76 02 57.

Cruis-Montlaux

Das reiche historische Erbe von Cruis, das derzeit Gegenstand einer Aufwertung ist, verdient Ihre Aufmerksamkeit. Montlaux ist eines jener sehenswerten kleinen Dörfer, übersät mit alten "Bastides" und schönen "Campagnen" (Einzelhöfen). Auch hier auf den Hängen der Lure pflanzt man den Lavandin und den echten Lavendel. Die grosse Spezialität ist hier jedoch der Estragon.

Zwei grosse Estragon-Anbaugebiete gibt es in Frankreich : die Gegend von Bordeaux erzeugt die grüne Pflanze, die als Gewürz dient (genau diejenige, die Sie in Ihrem Saure-Gurken-Glas finden), und die Region von Cruis, wo man die Estragon-Essenz für die Nahrungsmittelindustrie und die Parfümerie anbaut.

Der Estragon

(Artemisia Dracunculus L.)

Der Estragon ist ein Beifussgewächs, das vielfach in den Gemüsegärten angepflanzt wird, und das man heute mehr als Gewürz, denn wegen seiner medizinischen Eigenschaften schätzt. Ursprünglich in Südrussland und in Asien heimisch, kommt er mit den Kreuzrittern im 12. Jahrhundert nach Europa. Die Pflanze wurde von den Arabern geschätzt und Avicenna sah sie als Schutzmittel gegen die Pest an. Die therapeutischen Eigenschaften sind vielfältig : er wirkt antiseptisch, krampflösend, apetitanregend, die Regeln regulierend, stimulierend, Würmer abtreibend.

Gegen Ende des letzten Jahrhunderts destillierte man ihn in Italien zur Gewinnung von Essenz. Erst seit der Nachkriegszeit ist er eine der in der Hochprovence angebauten Pflanzen. Auf dem Markt sind zwei Arten von Estragon, der russische und der französische, wobei letzterer eine Kulturform des ersteren ist. Nur der letztere wird wegen seines essentiellen Öls angebaut.

Cruis-Montlaux

La richesse du patrimoine historique de Cruis, qui fait l'objet actuellement d'un programme de mise en valeur, mérite votre attention. Montlaux est un de ces petits villages pittoresques, semé de vieilles bastides et de “campagnes” de belle allure. Ici aussi on cultive le lavandin et la lavande fine sur les pentes de Lure. Mais la grande spécialité, c'est ici l'estragon.

Deux grandes régions en France cultivent l'estragon : la région de Bordeaux qui fournit la plante verte utilisée comme condiment, celle-là même que vous voyez dans votre bocal de cornichons, et la région de Cruis qui produit de l'essence d'estragon destinée aussi à l'industrie agro-alimentaire et à la parfumerie.

L'estragon *(Artemisia Dracunculus L)*

Fréquemment cultivé dans les potagers, l'estragon est une armoise, plus appréciée aujourd'hui comme condiment que pour ses vertus médicinales. Originaire de Russie méridionale et d'Asie, il gagne l'Occident avec les Croisés au XIIe siècle. C'est une plante très appréciée des Arabes et qui, au XIe siècle, est considérée par Avicenne comme un préservatif de la peste. Ses propriétés thérapeutiques sont nombreuses : il est antiseptique, antispasmodique, apéritif, emménagogue, stimulant, vermifuge.

On le distille pour son essence en Italie à la fin du siècle dernier. Et ce n'est que depuis l'après guerre qu'il fait partie des aromatiques cultivées en Haute Provence. Il existe deux types d'estragon sur le marché : l'estragon russe et l'estragon français, qui est un cultivar [11] du premier. Seul ce dernier est cultivé pour son huile essentielle.

☞ **Cruis. Dans l'église, santons du XVIIIe, retable. Itinéraire de découverte du village et petit musée en cours d'aménagement (ouverture au public prévue pour 1990). Se renseigner à la mairie : 92 77 04 31 (ouverte tlj de la semaine sauf le mercredi).**

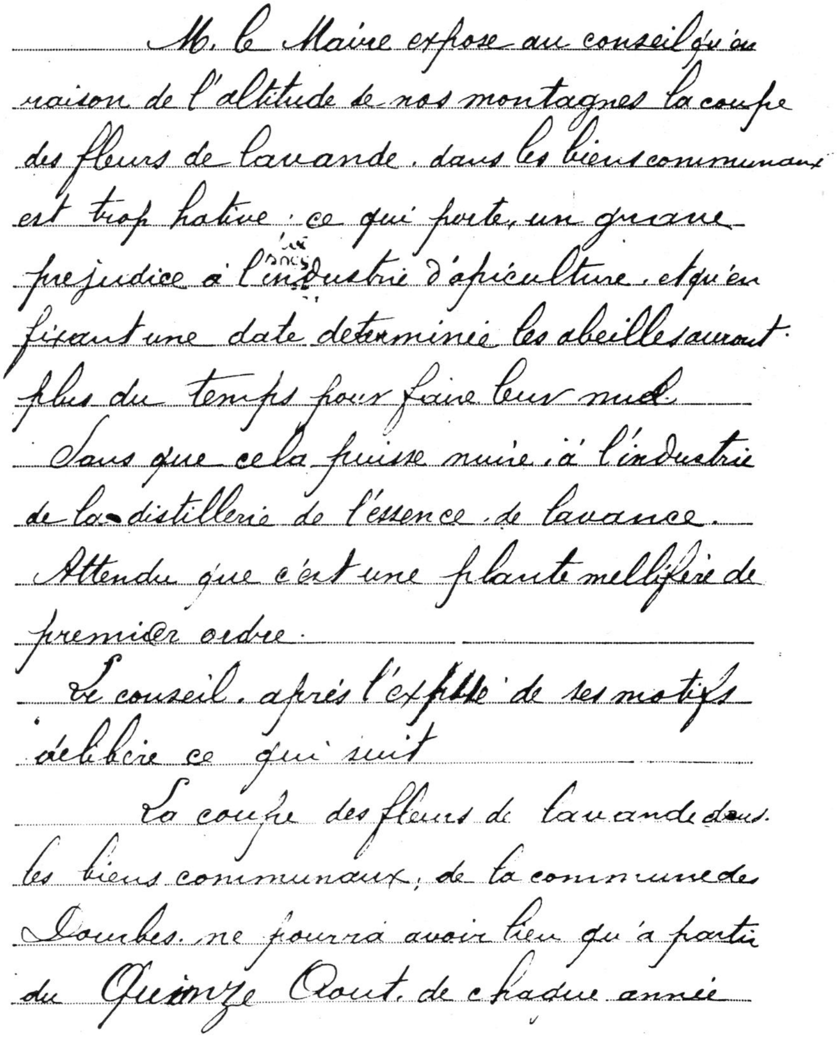
M. le Maire expose au conseil qu'en raison de l'altitude de nos montagnes la coupe des fleurs de lavande, dans les biens communaux est trop hative ce qui porte un grave préjudice à l'industrie d'apiculture, et qu'en fixant une date déterminée les abeilles auront plus du temps pour faire leur miel. Sans que cela puisse nuire à l'industrie de la distillerie de l'essence de lavande. Attendu que c'est une plante mellifère de premier ordre.

Le conseil, après l'exposé de ses motifs délibère ce qui suit

La coupe des fleurs de lavande dans les biens communaux, de la commune des Dourbes ne pourra avoir lieu qu'à partir du Quinze Août de chaque année

Lavande et miel : délibération du conseil municipal des Dourses (31 mai 1908).

Forcalquier

You have to visit Forcalquier on a Monday morning - market day. The Forcalquier Market is a institution around here. On Mondays the countryside is empty ; everyone has gone to town to shop, but especially to meet friends, discuss local gossip, and take in the market's lively atmosphere. Here is where herb producers used to go to exchange information, discuss prices, buy, sell, and bargain. This is less so in today's prosaic world where business between producers, brokers, and middlemen is handled by phone.

Several producers of medicinal and aromatic herbs have booths at the market. They sell small bottles of essential oils, sachets of herbal teas, spices, seasoning ; and locally made soap usually scented with lavender... These people are always willing to provide you with information about how to use their herbs.

Tourist Office : 92.75.10.02.
Comité d'Essor touristique du Pays de Forcalquier (Office to promote tourism) : 92 75 23 96 and 92 75 33 21.

Forcalquier

Besuchen Sie Forcalquier an einem Montagmorgen. Das ist der Markttag. Der Markt von Forcalquier ist geradezu eine Institution. An diesem Tage ist die Umgegend menschenleer. Jedermann ist in der Stadt, um seine Besorgungen zu machen, besonders aber auch wegen der Freude, Bekannte zu treffen, wegen des lebhaften Treibens und der Diskussionen. Hier tauschen die Pflanzenanbauer ihre Informationen aus, diskutieren die Preise, kaufen, verkaufen und machen ihre Geschäfte. Heute trifft das nicht mehr so ganz zu, denn das Telefon hat sich auch auf dem Lande verbreitet und ist zu einem praktischen Verständigungsmittel zwischen Erzeugern, Maklern und Händlern geworden.

Auf diesem Markt haben einige Erzeuger von Heil- und Duft- Pflanzen ihre Marktstände. Es werden dort kleine Fläschchen mit essentiellen Ölen verkauft, Teepflanzen in Säckchen, Duft- und Gewürzpflanzen, Seifen aus lokaler Produktion, meist mit Lavendel parfümiert Und wenn Sie es wünschen, können Sie bei den Verkäufern alle notwendigen Auskünfte über die Anwendung dieser Pflanzen bekommen.

Verkehrsamt (Syndicat d'Initiative) in Forcalquier : 92 75 10 02.
Comité d'Essor touristique du Pays de Forcalquier (Ausschuss zur Förderung des Tourismus) : 92 75 23 96 und 92 75 33 21.

Forcalquier

Capitale de la Haute Provence médiévale, Forcalquier garde de nombreux témoins de son passé. Son site lui-même est remarquable. La vieille ville est groupée autour des ruines de son ancienne citadelle, couronnée depuis 1875 par le sanctuaire de Notre-Dame de Provence. Vous y visiterez nombre de monuments : la concathédrale Notre-Dame (XIIe, XIIIe et XVIIe siècles), le Couvent des Cordeliers, la fontaine gothique de la place Saint-Michel, sans oublier le cimetière classé avec ses allées d'ifs taillés.

Mais surtout, passez à Forcalquier un lundi matin. C'est jour de marché. Le marché de Forcalquier est une institution. Ce jour-là, les campagnes sont vides. Tout le monde est à la ville pour faire ses courses et surtout pour le plaisir des rencontres, l'animation, les discussions. C'est ici que les producteurs de plantes échangeaient des informations, discutaient les prix, achetaient, vendaient, faisaient leurs affaires. C'est un peu moins vrai aujourd'hui où le téléphone s'est répandu dans toutes les campagnes et est devenu un moyen pratique de communication entre les producteurs, les courtiers, les intermédiaires.

Quelques producteurs de plantes médicinales et aromatiques y tiennent leurs stands. On y vend de petits flacons d'huile essentielle, des plantes à tisane en sachets, des aromates, des condiments, des savons de production locale, souvent parfumés à la lavande... Et si vous le souhaitez, vous pourrez obtenir auprès des vendeurs, tous les renseignements nécessaires sur les usages de ces plantes.

Office du Tourisme de Forcalquier : 92 75 10 02.
Comité d'Essor touristique du Pays de Forcalquier : 92 75 23 96 et 92 75 33 21.

Notes

1. *Connaissance du Pays d'Oc*, nº 70, p. 41.
2. Arrest du Parlement de Provence du 10 septembre 1770, extrait des registres du Parlement, Archives Alpes de Lumière-Salagon. Comme le fait remarquer G.-A. de Réparaz, "cueillir (correctement) la lavande dans les baôiassières, loin de faire mourir la plante, la rend plus robuste. D'après les vieux agriculteurs, il y a dépérissement des lavanderaies naturelles quand la cueillette cesse". Cet arrêt vise en fait plutôt à limiter l'accès des "étrangers", pour protéger les activités des "locaux".
3. Cade : genévrier oxycèdre.
4. Les amandiers concurrençaient le lavandin sur les mêmes terrains et pouvaient lui transmettre une maladie, le pourridié. Pour éviter ces problèmes, faciliter le travail des machines et rentabiliser les cultures, on les a presque partout supprimés.
5. Extrait du registre des délibérations du Conseil Général des Basses-Alpes, séance du 3 octobre 1907.
6. *Au jardin de Salagon, les plantes rencontrent l'homme,* Epi/Les Alpes de Lumière, 1987, p. 1.
7. Pierre Lieutaghi, panneau signalétique du Jardin médiéval de Salagon.
8. *Au jardin de Salagon,* op. cit., p. 2.
9. Avec les bruyères, on a fourni pendant longtemps en balais la ville de Marseille, pour le nettoyage des rues. Puis cette "industrie" a fortement reculé face à la concurrence des balais en matière plastique (polypropylène) : mais ces derniers, au bout de quelques années, ont révélé leur défaut : les brins de "paille" cassés, imputrescibles, ont formé de redoutables bouchons dans les égouts. D'où un regain d'intérêt pour les balais végétaux...
10. "De population" : plants issus de semis (et non de clones).
11. Cultivar : variété cultivée.

Les cueilleurs de lavande,
Simiane,
début du XXe siècle.

La route de la lavande : une histoire ancienne

L'idée d'une "Route de la Lavande" qui drainerait les visiteurs vers des zones peu fréquentées de la Haute Provence, est ancienne. Dans son *Etude sur l'environnement de la Route de la Lavande*, en 1975, Pierre Martel en dresse un bref historique.

Le terme "Route de la lavande" est lancé par le quotidien "Le Provençal" en 1951, à la suite de quoi un comité est créé par divers Syndicats d'Initiative le 16 mars 1953 pour en assurer la mise en place. L'objectif de ce comité était de *"lancer une route touristique à grande propagande, entre la vallée du Rhône et la Côte d'Azur par la Haute Provence, jusqu'à présent trop délaissée"*.

Dans les années 1970, le Comité départemental de l'Environnement des Alpes-de-Haute-Provence charge Alpes de Lumière de faire des propositions dans le même sens. C'est l'époque où la protection de l'environnement est à l'ordre du jour, et le titre même de l'étude, *Etude sur l'environnement de la Route de la Lavande,* indique quelle est l'orientation choisie : il s'agit de concilier circuit touristique et protection de la nature. On met l'accent sur l'intérêt écologique des zones traversées, et il est question d'éducation du visiteur à la protection de l'environnement. Les buts de la route sont ainsi définis :

"- *Assurer un aménagement touristique de la route,*
- *favoriser l'amélioration de la route et la protection de son environnement,*
- *améliorer la qualité de l'accueil par une signalisation et une mise en valeur des richesses naturelles ou historiques que l'on peut trouver de part et d'autre de la route,*
- *organiser le stationnement pour permettre au plus grand nombre de profiter de ces sites sans les dégrader et sans devoir envahir le domaine privé,*
- *proposer quelques moyens pédagogiques d'information et d'éducation du public accueilli, pour lui permettre de profiter au maximum de ces sites et de ces aménagements,*
- *au-delà de ces objectifs précis, susciter un mouvement d'opinion favorable à toutes mesures à prendre sur l'ensemble du réseau routier pour la propreté des sites, la protection de la nature et la sauvegarde de tout ce qui entre aujourd'hui dans la notion de l'Environnement."*

Une cartographie très détaillée du parcours est présentée. Elle indique outre l'itinéraire principal, des "bretelles" dignes d'intérêt, les délaissés de route utilisables comme point d'information, ainsi que les principales richesses naturelles capables d'attirer l'attention du visiteur.

La lavande sert de prétexte au choix d'un itinéraire et à sa dénomination. Mais elle n'est pas regardée comme un patrimoine naturel ou culturel susceptible d'intéresser le visiteur. Tout au plus a-t-elle un impact paysager remarquable, mais rien dans le dossier n'évoque l'intérêt d'en connaître l'histoire, l'économie, les procédés de culture ou de transformation. Pas une

fois ne sont évoquées ces distilleries, anciennes ou contemporaines, qui ponctuent le paysage et dont les hautes cheminées attirent l'attention du voyageur curieux.

L'étude complétée en 1979 par un ensemble de propositions ponctuelles précises, n'a pas été suivie d'application. Les élus ne réussissent alors pas à s'entendre sur le passage de la route par tel ou tel itinéraire et les choses n'avancent guère. Régulièrement pourtant, on en parle. Des articles de journaux en font leurs titres, des commissions se mettent en place.

En 1987, le Conseil Général des Alpes-de-Haute-Provence, reprenant les propositions de trois SIVOM du département (Pays de Forcalquier, Moyen et Bas Verdon) afin de les coordonner, définit une nouvelle route de la lavande et met en place des outils d'information. L'étude de faisabilité permet de déterminer un itinéraire et un support promotionnel.

La route de la lavande en 1987

L'itinéraire choisi propose une boucle à l'intérieur du département avec des extensions possibles vers Grasse (Alpes-Maritimes) à partir de Castellane, ainsi que vers la Drôme et le Vaucluse. Cet itinéraire, s'il passe bien dans les zones de production actuelle de lavande ou de lavandin (plateau de Valensole-Riez, pays de Forcalquier) dans sa partie sud, est un peu plus contestable dans son tracé nord qui inclut aussi bien des zones historiques de production, aujourd'hui en perte de vitesse (Barrême, Saint-André, vallée du Jabron) que des communes où la lavande est quasi inexistante.

La signalisation que le département met en place comprendra deux types de supports :
- un réseau de Relais Informations Services (RIS) sur lesquels sont présentés la route de la lavande et ses variantes, la culture de la lavande et un certain nombre d'informations pratiques sur la zone traversée ;
- une signalisation de jalonnement avec un logo "Route de la lavande".

Une brochure promotionnelle (dépliant) sera également diffusée : il s'agit d'une carte reprenant les informations des RIS et donnant quelques informations sur la lavande, sa culture, son histoire, les bienfaits des huiles essentielles, etc.

L'itinéraire principal défini par le département est prétexte à la mise en place de 5 circuits secondaires thématiques qui jalonnent le parcours : circuit des Eaux Chaudes à partir de Digne ou circuit des villages perchés depuis Château-Arnoux, par exemple.

Le circuit culturel proposé par Salagon, qui permet au visiteur de découvrir plantes aromatiques et plantes à parfum de Haute Provence, est un de ces 5 circuits détaillés.

Pour Salagon, le propos n'est pas de trouver un nom de baptême pour une route à travers la Haute Provence, mais par cette route, d'amener le visiteur à appréhender des paysages et à découvrir des aspects peu connus ou peu spectaculaires du patrimoine d'une région : patrimoine floristique des aromatiques sauvages et cultivées avec l'ensemble des activités et des pratiques agricoles, sociales, économiques, symboliques, qui lui sont attachées.

Il ne s'agit plus seulement d'amener le visiteur à une meilleure connaissance de l'environnement naturel d'un pays, mais aussi de mettre en évidence les relations que l'homme a établies avec le milieu à travers ses activités de cueillette, de culture ou de transformation des végétaux. En somme, on voudrait guider le visiteur sur un circuit en lui donnant les outils nécessaires pour choisir un itinéraire et pour en décrypter les différentes composantes.

Mise en place d'un itinéraire : bref bilan des travaux effectués

La détermination de l'itinéraire s'est faite sur la base de recherches bibliographiques et d'enquêtes de terrain, aussi bien auprès des élus locaux que des producteurs et des distillateurs ou des personnes âgées qui ont vécu les grands changements qui ont affecté le secteur de la lavande, des aromatiques et des plantes à parfum (passage de la cueillette à la culture par exemple ; abandon de certaines productions ; nouvelles cultures...). A titre d'exemple, c'est grâce aux enquêtes orales qu'on a pu sauver de l'oubli une pratique importante de culture de la menthe dans la plaine de Mane, culture aujourd'hui disparue et complètement méconnue non seulement du grand public mais encore de certains professionnels.

A la lumière des données disponibles, l'enquête orale et l'observation directe nous apparaissent comme les instruments essentiels de connaissance d'un

domaine dont la portée économique et l'usage industriel ont longtemps orienté les recherches, laissant dans l'ombre les questions moins directement techniques (voir bibliographie en annexe).

Une partie du travail de définition du circuit culturel a concerné le jardin ethnobotanique de Salagon. Celui-ci étant le point de départ du circuit, il était impératif de parachever la réalisation des ses deux premières tranches – Jardin de Simples, Jardin médiéval – et de proposer aux visiteurs un choix de plantes plus directement liées au circuit par la présentation d'un parterre de plantes aromatiques et à parfum, d'usage industriel.

Les enquêtes de terrain

Elles ont été orientées en trois directions :
- les élus locaux,
- les distilleries,
- les producteurs.

Les élus locaux
Une lettre circulaire a été envoyée aux mairies de la zone étudiée, afin de connaître :
- les plantes cultivées ou cueillies sur la commune (autrefois et aujourd'hui),
- les personnes âgées ayant eu une activité dans le domaine de la lavande, des aromatiques et des médicinales,
- le nombre de distilleries ayant fonctionné sur la commune depuis le début du siècle,
- les distilleries fonctionnant actuellement.

Les réponses obtenues nous ont permis de nous mettre en relation avec des informateurs et d'établir un inventaire des communes où cette activité a été et est toujours présente ainsi qu'une carte des distilleries visibles dans le paysage, qu'elles soient ou non en activité.

En ce qui concerne les données chiffrées, en dehors de quelques statistiques officielles, il est difficile d'obtenir des chiffres récents de production par commune. D'une part, parce que c'est une activité soumise à de grandes fluctuations (variations des superficies cultivées d'une année à l'autre, en particulier pour la sauge sclarée, variations des rendements en essence, qui rendent difficile une estimation de la production). D'autre part, parce que le monde des producteurs de plantes aromatiques et à parfum est un monde où l'on cultive beaucoup le secret : la dépendance vis-à-vis des grandes industries (pharmacie, parfumerie), la vulnérabilité des producteurs, l'étroitesse du marché qui rend la concurrence très forte (il suffit pour certain végétaux d'une production d'un hectare pour couvrir les besoins du marché français et toute augmentation de la production provoque immédiatement l'effondrement des cours) expliquent en partie cette attitude.

Les distilleries
L'étude bibliographique nous a permis de dresser un tableau de l'évolution des distilleries depuis les petits alambics à feu nu amovibles, jusqu'aux grosses distilleries modernes à vapeur. Il était donc important de rencontrer des distillateurs travaillant ou ayant travaillé suivant les différentes techniques.

Les producteurs
Nous nous sommes intéressés d'abord aux récolteurs âgés qui ont eu une activité de cueillette de lavande (jusqu'à la Seconde Guerre mondiale environ) et qui ont été témoins du passage d'une activité intensive de cueillette à une culture quasi industrielle de lavande-lavandin ; ainsi qu'aux cueilleurs et cultivateurs de plantes aromatiques et médicinales (autres que lavande et lavandin), anciens ou actuellement en activité, aux distillateurs professionnels. Nous avons aussi rencontré les personnes qui cultivent lavande et lavandin à d'autres fins que la distillation (production de lavande mondée et de bouquets), et dont peu de documents écrits rendent compte de cette activité.

A travers ces enquêtes, nous souhaitions aller au-delà des informations immédiatement restituables dans le contexte du circuit (lieux où sont ramassées ou cultivées les plantes, fonctionnement des distilleries, impact des plantations sur le paysage, problèmes économiques actuels, etc.) et mettre en évidence les relations établies entre les hommes et les végétaux à travers un ensemble de pratiques symboliques et de représentations. Par exemple, il nous semble important de pouvoir faire apparaître les classifications populaires des lavandes et des autres plantes aromatiques cultivées dans un contexte où les dénominations des techniciens tendent à occulter ces classifications, qui sont plus fines : en fonction du milieu, du sol, de l'exposition, de la couleur des fleurs, etc.

Il existe également tout un savoir-faire et des pratiques culturales et de distillation contemporaines

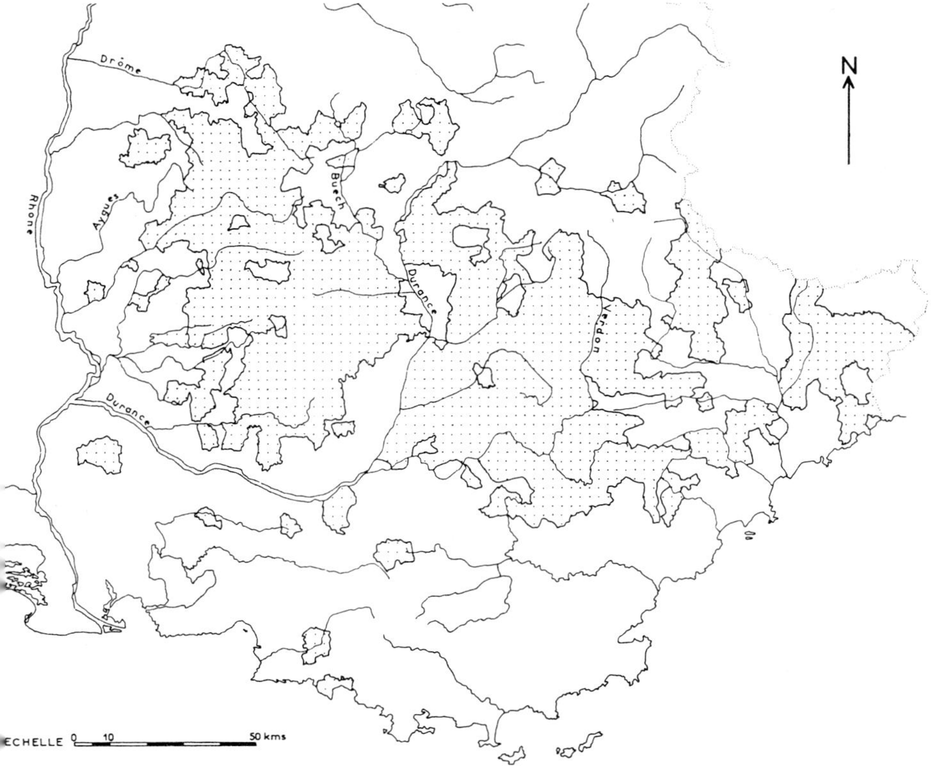

Cueillette et culture de la lavande en 1922 : communes productrices (d'après L. Fondard et G.-A. de Réparaz).

difficilement cernables autrement que par l'observation ou les témoignages des cultivateurs (on peut penser par exemple à l'art de modifier ou bricoler des engins produits industriellement, comme les coupeuses mécaniques, pour les adapter aux caractéristiques des terrains). Ces pratiques actuelles sont plus souvent décrites par les agronomes que celles des anciens. Elles mettent en jeu un ensemble d'outils et de techniques relativement standardisés et concernent des plantes qui admettent peu de variations dans leur mode de culture. Sans parler de nivellement des savoirs, on constate cependant une certaine uniformisation, dont les causes peuvent être les revues agricoles, la demande des industriels, le matériel dont on dispose, etc. Au sein de cet ensemble de savoirs apparemment homogène, une analyse ethnologique plus fine pourrait avoir l'intérêt de mettre en évidence des micro-différences liées à la formation du cultivateur, au terrain dont il dispose, à la place de la culture des aromatiques au sein de son exploitation, au produit qu'il propose, au temps et au personnel dont il dispose, etc.

Enfin, il serait important de poursuivre l'enquête afin de mettre en évidence les structures sociales du milieu des producteurs de plantes aromatiques et médicinales. Il s'agit d'un milieu très diversifié et hétérogène où chacun, malgré l'existence de regroupements professionnels, a sa propre stratégie face à un marché fragile et très fortement soumis à la concurrence, ce qui fait dire à l'un de ces producteurs : *"Il y a autant de marchés que de structures d'exploitation."* Les producteurs dans leur majorité sont très anciennement implantés dans la profession, souvent par tradition familiale (certains lavandiculteurs en sont à la 3e ou à la 4e génération dans le métier et se présentent généralement comme *"nés dans la lavande"*). Ils maîtrisent toute la chaîne des opérations (plantation, entretien, coupe, distillation et parfois même, mais plus rarement, commercialisation). Ils ont un rapport étroit au végétal comme au produit fini et vivent presque exclusivement de leur production de plantes aromatiques ou à parfum.

Mais d'autres producteurs sont de grands industriels, ou à l'extrême inverse de petits récolteurs, "néo-ruraux", pour qui la cueillette (plus que la culture) représente une activité récente. Ces derniers sont perçus comme "marginaux" dans la profession, même s'ils en ont fait leur activité principale et s'ils pratiquent des politiques novatrices et dynamiques dans ce domaine.

Il faudrait parler également de la commercialisation au sein de laquelle courtiers, intermédiaires, producteurs commercialisant eux-mêmes leurs produits, organismes professionnels, forment des réseaux aux interrelations complexes et peu connues.

Enfin, le relatif secret dont on entoure la mise en culture de certaines espèces implique tout un ensemble d'attitudes et de comportements riches de significations. Par exemple, les plants sont jalousement gardés et diffusés uniquement à l'intérieur de micro-réseaux où l'élément familial et/ou de voisinage joue un grand rôle. (Ce fut le cas de la culture de la menthe dans la plaine de Mane, diffusée à partir d'un centre important de culture dans la vallée de l'Asse et répandue à l'initiative d'un individu, lui-même distillateur, à travers un réseau de parenté/voisinage ; ou actuellement de la culture d'estragon.)

Ainsi, la mise en place du circuit repose sur une recherche qui permet d'en préciser les limites, les circulations et la thématique. Mais ce circuit est en même temps un terrain propice pour faire émerger de nouvelles pistes de recherche, susceptibles d'enrichir sa problématique. Le circuit ne doit donc pas s'arrêter à sa seule réalisation pratique mais doit être le lieu d'une recherche permanente.

Recherches bibliographiques

Les recherches bibliographiques effectuées dans les différents centres de documentation du département et de la région — Archives départementales 04, ONIPPAM, DDA, DRA, Chambre d'Agriculture, Université Aix-Marseille, centres de documentation spécialisés — nous permettent d'ores et déjà de distinguer deux domaines :

- Les études sur lavande et lavandin, fort nombreuses aussi bien en ce qui concerne les ouvrages publiés, articles de revues, rapports techniques, statistiques, notes, etc. Parmi celles-ci, on note l'importance des recherches de Georges-André de Reparaz (1965), point de vue d'un géographe qui n'a pas négligé l'élément humain (problèmes de main d'œuvre, par exemple) et qui malgré sa date de parution, comprend nombre d'éléments d'actualité, et la synthèse de Christiane Meunier (1985) qui, dans un ouvrage destiné au grand public, fait une bonne description aussi bien des pratiques de cueillette ou de culture que des techniques de distillation ou des problèmes de commercialisation de la lavande et du lavandin.
- La documentation concernant les autres plantes aromatiques et les médicinales. On est loin d'avoir la masse de données que nous offre le champ précédent : quelques rapports techniques sur les problèmes de culture ou de commercialisation, souvent récents, mais rien ou presque sur l'aspect humain, historique, social, etc.

De manière générale, que ce soit l'un ou l'autre domaine, la plupart des documents consultés traitent le problème sous le même angle : technique et économique. Les techniques culturales, les maladies affectant les plantations, les méthodes de distillation, les problèmes de rendement et de commercialisation sont longuement abordés, la plupart de ces documents étant l'œuvre d'ingénieurs ou de techniciens agricoles, voire de géographes.

Peu de choses en revanche sur l'histoire de la cueillette ou de la culture et peu de traces de ce qu'on pourrait qualifier d'une "ethnologie" de la lavande, des aromatiques de Haute Provence. On note surtout les recherches menées par l'EPI sur les plantes médicinales (mais publiées en partie seulement), les travaux de Lucienne Roubin (1966), quelques travaux d'étudiants assez inégaux (Rixte, 1973). En somme, peu de choses sur les relations sociales liées à ces pratiques (qui sont les cueilleurs, les distillateurs, les courtiers ; les relations entre eux ; les réseaux, etc.), sur les représentations et les systèmes symboliques, sur l'outillage et son évolution, sur les savoir-faire, etc. Peu de choses également sur les usages autres qu'industriels de ces végétaux.

Bibliographie

A.I.D.E.C., "Colloque sur l'environnement et la qualité des plantes médicinales (et aromatiques)", Dijon, 17-19 avril 1985, *Cahiers* n° 23 à 26, août 1985.

BEC (Serge), "Démons et merveilles de la lavande", in *Connaissance du Pays d'Oc,* n° 70 : 39-44.

BOREL (Louis), La lavande, in *B.S.S.L. des B-A,* t. XIII, 1907-1908 : 80-85.

CHAILAN (Guy), *Lavande et lavandin,* Digne, Chambre d'Agriculture des Alpes-de-Haute-Provence, 1980.

COLLIER (Raymond), *La Vie en Haute Provence de 1600 à 1850,* Digne, chez l'auteur, 1973.

CORBIN (Alain), *Le miasme et la jonquille,* Paris, Flammarion (Champs), 1980 (?)

COURTANT (M.), "Lavandes et lavandins", in *Regards sur l'espace rural Provence-Alpes-Côte d'Azur : 119-128.*

DARLUC (Michel), *Histoire naturelle de Provence,* Avignon-Nice, Niel, 1782.

Deuxième Journée de la lavande, Ministère de l'Agri-

culture, D.S.A. des Basses-Alpes, Digne, sept. 1958.
DURVELLE (J.P.), *Fabrication des essences et des parfums,* Paris, Librairie des Sciences, 1930.
EISENMENGER (G.) et CAUVIN (C.), *La Haute Provence, étude de géographie régionale,* Digne, chez les auteurs, 1914.
E.P.I, *Les simples entre nature et société,* Mane, ÉPI, 1983.
FERAUD (J.J.M.), *Histoire, géographie et statistique du département des Basses-Alpes,* Digne, 1861 (Marseille, Laffitte reprints 1985).
FONDART (L.) et CAUVIN (E.), *Culture de la lavande,* Digne, Vial impr., 1926.
FRANÇOIS (Eric), *Maintien et création d'activités dans les Alpes du Sud : cultures et commercialisation des plantes médicinales et aromatiques,* Ministère du Travail, Bureau d'accueil des Alpes du Sud, 1982.
GILDEMEISTER (E.), *Les huiles essentielles,* Grasse, Schimmel, 1912, 2 tomes.
ISNARDY (Léon), *Monographie de Banon,* Forcalquier, 1921.
LANGLAIS (P.), "Histoire de la lavande et de son parfum", in *Parfums, cosmétiques, savons, n° 105, 1954 : 819-826.*
Lavande, lavandin, plantes aromatiques et médicinales, 3es Journées scientifiques internationales, Digne, 30-31 août et 1er septembre 1984.
LE BEALLE (A.), *Atlas des cartes départementales,* (fin XIXe siècle ?).
LIEUTAGHI (Pierre), *Le livre des bonnes herbes,* Paris, Marabout, 1978 (2 vol.).
LIEUTAGHI (Pierre), *L'herbe qui renouvelle,* Paris, Maison des Sciences de l'Homme, 1986.
MAGHAMI (P.), *Culture et cueillette des plantes médicinales,* Paris, Hachette (Nouvelle Encyclopédie agricole), 1979.
MEUNIER (Christiane), *Lavandes et lavandins,* Aix-en-Provence, Edisud, 1985.
MONNIER (Maxime) et FAURE (Jacques), *La Sélection des lavandes,* D.S.A. des Basses-Alpes, 15 octobre 1957.
Nouvel Atlas rural de la région Provence-Alpes-Côte d'Azur, mai 1985, t. II, cartes analytiques.
RASSE (Paul), *La Cité aromatique : pour le travail des matières odorantes à Grasse,* Nice, Serre, 1987.
REPARAZ (G.-A. de), *Lavande et lavandin : leur culture et leur économie en France,* Aix-en-Provence, Annales de la Faculté des Lettres, nouvelle série, n° 46, 1965.
REPARAZ (G.-A. de), "Les Problèmes posés par la culture de la lavande dans les Préalpes du Sud", in *Actes du 90e congrès des Sociétés savantes,* Nice, 1965.
RIXTE (Raymond), *Vocabulaire de la lavandiculture.* Mémoire de maîtrise (J.-C. Bouvier), Aix-en-Provence, 1972-1973.
ROLLET (Antonin), *Plantes aromatiques,* 1930.
ROUBIN (Lucienne A.), *La Montagnarde des lavanderaies : remarques sur une observation comparative en Méditerranée,* Paris, Maisonneuve et Larose, 1966 (extrait de Arts et Traditions populaires, année XIV, n°4, oct.-déc. 1966).
SUSKIND (Patrick), *Le Parfum : histoire d'un meurtrier,* Paris, Fayard, 1986.
THIEVENAZ (J.), *Lavandes et lavandins, Evolution 1965-1981, Alpes-de-Haute-Provence,* Digne, DDA, (s.d.).

REVUES :
Les Alpes de Lumière : n° 29 ("Le Pays de Forcalquier") ; n° 33 ("Saint-Michel l'Observatoire") ; n° 35 ("XVI récits du Moine de Lure") ; nos 85-86 ("Le Pays d'Oraison") ; n° spécial, 1987 : "Au jardin de Salagon, les plantes rencontrent l'homme" (en collaboration avec l'association EPI).
Bulletin économique et financier de la Banque des Alpes, n° 18, octobre 1931.
Bus et car magazine, n° 217, 15 novembre 1987 (circuit : La Provence en bleu lavande).
La lavande et le rucher (organe officiel de la Société d'Apiculture des Basses-Alpes), n° 27, avril 1932.
Vaucluse agricole, n° 904, 8 novembre 1984.
La vie rurale dans les Alpes-de-Haute-Provence, années 1980 à 1988.

Archives départementales des Alpes-de-Haute-Provence : série M.

Des murs de paille de lavande

Bernard Arditti, architecte (D.E.S.A.) en Haute Provence, est passionné de géobiologie. Il est membre de l'Académie Internationale de Géobiologie.

Un produit local

La lavande et le lavandin sont des cultures très localisées dont on extrait une essence très recherchée. Les pailles restantes après distillation fournissent des stocks importants et concentrés géographiquement et quantitativement relativement stables. Actuellement, ces stocks de paille sont presque partout immédiatement détruits, excepté la paille utilisée comme combustible pour alimenter la distillerie même.

Aucune autre utilisation de ces déchets n'est pratiquée par les agriculteurs. La paille de lavande est relativement imputrescible. Elle ne fermente que difficilement, ce qui rend son utilisation comme compost assez difficile.

Ainsi 12 000 tonnes de paille environ sont produites annuellement en région PACA dont 8 000 tonnes dans le seul département des Alpes-de-Haute-Provence.

Comment valoriser ce déchet ?

Un combustible

Diverses études ont déjà été menées pour tenter de valoriser ce produit détruit en pure perte et présentant lors de son brûlage des risques d'incendie des distilleries et de pollution de l'atmosphère.

On a vu que son caractère pratiquement imputrescible rendait très aléatoire son utilisation comme engrais après compost. Des études ont été menées avec l'introduction de fiente mais n'ont pas débouché.

D'autres études visaient à utiliser la paille comme combustible après transformation en briques ou granulés afin de rendre son utilisation possible avec une alimentation automatique des chaudières. Cette valorisation a été expérimentée et ne pose aucun problème technique. Pour rentabiliser au mieux cette utilisation, il semble que des unités de transformation mobiles seraient le mieux adaptées. Le matériel existe. Mais l'exploitation n'a pas encore été tentée.

Un isolant

L'imputrescibilité de ces pailles, ajoutée aux performances d'isolant de toutes pailles comprimées, pourrait conduire à s'orienter vers la recherche d'isolants à base de paille de lavande. Cependant, même si techniquement la fabrication de panneaux isolants s'avérait possible, ce serait méconnaître l'aspect économique du problème.

Les chaînes de fabrication de panneaux isolants nécessitent de très grosses unités pour rentabiliser la production. Les quantités de paille ne répondraient pas alors à cet impératif. D'autre part, le transport des pailles doit être évité pour ne pas augmenter les coûts de production.

Les critères d'exploitation d'un déchet

La valorisation d'un déchet doit se faire en rapport étroit avec l'exploitation de base du produit et sa situation par rapport à l'économie nationale.

L'exploitation des déchets ne doit pas demander un investissement économique hors de proportion avec le gain espéré : unités de production disproportionnées eu égard aux quantités de produit à traiter ; centralisation nécessitant des transports onéreux. Elle doit se faire à l'échelle du produit considéré. A un produit local doit correspondre une exploitation limitée quantitativement et géographiquement.

Elle doit tenir compte des fluctuations éventuelles du produit de base et, en conséquence de ce risque, il est impératif de prévoir la polyvalence des installations de transformation ou le remplacement par un autre

produit présentant les mêmes caractéristiques.

L'exploitation d'un déchet doit enfin être liée aux besoins locaux et présenter un avantage économique, soit en induisant des créations d'emplois, soit en remplaçant un produit non local avec des coûts moindres ou des propriétés plus performantes.

La paille matériau de construction

Depuis des siècles, la paille de céréales est utilisée comme matériau de construction dans le chaume des toitures, les murs en torchis, les briques de terre.

A l'origine, elle était développée dans les régions à forte production céréalière dans la mesure où la construction utilisait les matériaux locaux traditionnellement intégrés dans l'économie rurale.

Aujourd'hui, la recherche d'une architecture saine et écologique amène à redécouvrir des technologies prenant en compte la qualité de notre environnement et s'insérant dans un tissu économique à l'échelle humaine. La préservation de notre santé et de notre environnement va de pair avec l'utilisation de produits issus de la nature et de l'agriculture et n'exigeant qu'un savoir-faire pour leur mise en œuvre.

Le mur de paille

Les qualités d'un mur de paille sont multiples.
- La paille de lavande est un matériau végétal imputrescible, éloignant insectes et rongeurs.
- Récupérant un déchet, son coût est très faible.
- La conception du mur de paille englobé en totalité dans un mortier de chaux le rend incombustible puisque chaque alvéole est indépendante empêchant l'air de circuler.
- L'isolation d'un tel mur est très performante (λ = 0,12 W/mC°) soit l'équivalent d'un isolant en laine de verre ou polystyrène de 16 cm d'épaisseur sachant que l'isolation moyenne pratiquée actuellement dans la construction est de 10 cm pour les parois.
- Ce type de mur ne fait intervenir que des matériaux naturels (paille, chaux naturelle hydraulique et sable) et permet en particulier d'éviter l'utilisation d'isolants de synthèse qui peuvent provoquer des nuisances à long terme sur le bien-être et la santé des occupants.
- Sa mise en œuvre est relativement simple et ne demande pas de matériel important.

La technique

La paille de lavande doit être préalablement compressée en ballots rectangulaires. Plus la paille est dense, plus la solidité naturelle est importante.

La mise en œuvre s'effectue par un montage des ballots au mortier de chaux naturelle englobant en totalité les ballots sur toutes leurs faces. Les joints sont alignés selon une structure modulaire rectangulaire donnant solidité et élasticité au mur.

Le mur est ensuite enduit d'un mortier pénétrant soigneusement les fibres : c'est un enduit traditionnel trois couches.

Un soin particulier doit être apporté à la protection contre les eaux de ruissellement et les remontées capillaires.

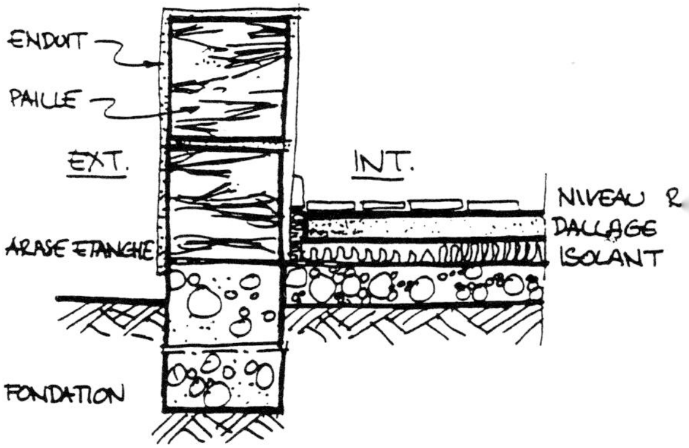

Les réalisations

Le mur de paille (de céréales) est une technique qui vient du Canada. Une construction a été subventionnée en 1982 par le Programme d'encouragement à la technologie du bâtiment résidentiel, organisme canadien qui a pour objet de financer le développement de prototypes originaux de produits ou de méthodes susceptibles d'améliorer le logement et les conditions de vie au Canada.

Cette expérience comprenait :
- la construction d'un mur modèle,
- la mise à l'épreuve du mur par un cabinet d'experts-conseils pour contrôler la conformité aux normes de rendement thermique, de résistance à la charge, de pénétration d'humidité et de résistance au feu,
- l'analyse des résultats.

Tous les résultats se sont révélés positifs. La résistance à la charge respecte les normes exigées pour la construction résidentielle. Soumis simultanément à des forces de compression et transversales de 58 kN et 2,12 kN pendant 24 heures, le mur n'a pas subi de fléchissement ni d'affaissement mesurable. Le rendement thermique obtenu est équivalent à deux fois celui d'un mur traditionnel. Sa résistance à l'humidité et au feu répond largement aux normes retenues.

Dans l'Est de la France, quelques maisons individuelles sont en cours de réalisation avec ce procédé utilisant des pailles de céréales.

L'emploi des pailles de lavande et lavandin apporte des performances supplémentaires par rapport à la paille de céréale de par son imputrescibilité, ses propriétés d'éloigner insectes et rongeurs, et par son coût qui devrait être très bas dans la mesure où il s'agit d'un déchet encombrant actuellement détruit, contrairement à la paille de céréales qui est commercialisée.

Bernard ARDITTI

Illustrations

Photographies

Alpes de Lumière, archives : 5, 11, 34, 43, 52, 69 bas. AL/Dr Lefrançois : 68 gauche. AL/Hélène Michault : 62 bas, 64 haut, 65 (hysope, sauge), 67 bas, 69 haut. AL/Danielle Musset : 47, 64 (estragon, narcisse), 65 (roses), 66 bas. AL/Pierre Coste : 62 haut. **Guy Barruol** : couv. IV haut, 10, 38, 63. **Olivier Buttner** (collection Sanofi Bio Industrie) : 16. **Patrick Cassoudesalle** : couv. p. I, 65 (lavande). **Jean-François Chailan** (C.E.A.M.S., Savoillan) : 67 haut. **EPI/Pierre Leutaghi** : 66 haut. **François-Xavier Emery** (reportage préparatoire à l'exposition "L'odeur des champs" du conservatoire de Salagon) : 30, 31. **Pierre Gallocher** : couv. IV bas, 68 droite.

Dessins

EPI, Mane, dessins du livre "Les simples entre nature et société" : 22, 23, 24, 25. EPI/dessins originaux de **Dorothy Dore** : 16, 36, 48. **Pierre Merchie** : 2 (d'après une photo de Guy Barruol), 9, 32, 33.

Documents d'archive

Archives Alpes de Lumière. Archives Pierre Martel, Archives départementales des Alpes-de-Haute-Provence.

Page précédente en haut : Saumane, vallon de la montagne de Lure, 1987.
En bas : distillation de l'Estragon à Montlaux, 1989.
Ci-dessus : champ en cours de coupe, plateau d'Albion, 1974.

Ci-dessus : Sauge sclarée, plateau de Puimichel, 1989.
A gauche : Estragon, Savoillan (Vaucluse), 1989. Narcisses, plaine de Mane, 1989.

Ci-dessus : Hysope, plateau de Puimichel, 1989. Lavande, Lardiers, 1989. Cueillette de Rose, Roumoules, juin 1989. Ci-contre : Sauge officinale, plateau de Puimichel, 1989.

Ci-dessus : Salagon, au jardin médiéval, 1989.
Ci-contre : pépinière du Centre d'expérimentation pour l'agriculture en montagne sèche (C.E.A.M.S.) à Savoillan (Vaucluse), 1989.

En haut : démonstration d'une coupeuse-enjambeuse, Baronnies, été 1973.
Ci-contre : coupeuse dans un champs d'estragon, Montlaux, 1989.

Ci-dessus : distillation traditionnelle en plein air, Gordes, ferme des Dilais, 1960.
Ci-contre : distillation moderne, le Revest-du-Bion, le Brusquet, 1980.

Page suivante, en haut : distillation de l'estragon, Montlaux, 1989.
En bas : essencier, fer étamé (collection du conservatoire de Salagon).

LES ALPES DE LUMIERE

des petits livres pour vivre intelligemment la Haute Provence

ART ROMAN / ARCHITECTURES / TEMOIGNAGES ET RECITS / ETHNOLOGIE / VIE QUOTIDIENNE / RANDONNEES / ENVIRONNEMENT

TITRES RÉCENTS

GANAGOBIE, le prieuré roman, le plateau, randonnées

Guy Barruol, Claude Bassier, Michel Fixot, Francesco Flavigny, Claude et Pierre Martel, Jean-Pierre Pelletier, Michel Philippe, Jacques Thirion

Le prieuré clunisien de Ganagobie est un des plus beaux édifices romans de Haute-Provence. Son fameux décor de mosaïques, au bestiaire fantastique, lui a été rendu en 1986. Le plateau sur lequel il est bâti, grand bateau de pierre suspendu au-dessus de la Durance, lui a apporté ses matériaux, l'eau de sa source, et le voisinage d'un village de paysans et de carriers, aujourd'hui disparu.

128 pages, photos noir et blanc et couleur, plans.

LES HABITANTS DE L'UBAYE Récit de la transformation d'une vallée

Danielle Musset, Jean Maurel

Dans leur vallée restée longtemps à l'écart des grandes voies de communication, au sol peu fertile, aux torrents dévastateurs, aux hivers longs et rigoureux, les Ubayens se sont organisés pour vivre, ont développé une économie et une culture, s'adaptant à une nature difficile et la façonnant.

64 pages, photos anciennes et actuelles.

PIERRE SÈCHE EN PROVENCE

Pierre Coste, Pierre Martel

L'art de bâtir, avec des pierres ramassées dans les champs, des abris pour les hommes et les bêtes, des soutènements pour les champs et les chemins, des murs de clôture, des aiguiers et des fours. Cette architecture de nécessité, qu'on trouve employée dans le monde entier, est particulièrement bien adaptée, en Haute comme en Basse-Provence, aux plateaux et aux versants calcaires. Elle y a produit, jusqu'à son apogée au XIXe siècle, des édifices pleins d'imagination et de beauté.

88 pages, nombreuses photos, plans, dessins.

LA BIASSE DE MON PÈRE

Pierre Magnan

Au retour de ses journées de poseur de lignes de la Société d'Electricité du Littoral, le père du romancier Pierre Magnan rapportait sa biasse pleine de ces objets et de ces récits simples et merveilleux qui savent former la personnalité d'un enfant.

48 pages, photos.

UN VILLAGE DE HAUTE PROVENCE DANS LA RÉVOLUTION : SAINTE-CROIX DU VERDON

Lucette Poncin

Ce que changent sept années (1788-1795) à la vie quotidienne d'un village de 388 habitants. Les institutions traditionnelles disparaissent, mais la solidarité communautaire aussi ; et la Loi qui la remplace ne suffit pas à apporter l'Egalité.

72 pages, dessins et croquis.

FOSSILES DU PLATEAU D'ALBION

Gabriel Conte

Les fossiles qui servent de jalons à la formation géologique du plateau d'Albion passionnent depuis un siècle et demi les chercheurs. Leur inventaire méthodique, complété des nouvelles découvertes, est proposé ici. Le livre invite à parcourir plus attentivement ce plateau grandiose, et à en respecter le patrimoine naturel.

72 pages, nombreuses photos, croquis.

"Revenons à nos moutons..." Histoire et actualité de la TRANSHUMANCE en Provence

Danielle Musset, F.-X. Emery, Noël Coulet, T. Schippers, F. Prévost, P. Coste

La transhumance, qui de la fin du moyen-âge au début de ce siècle a profondément marqué la Provence, est toujours vivante, et économiquement pertinente. A partir du journal d'une transhumance à pied de 1986, ce livre apporte une série d'éclairages historiques, ethnologiques, économiques, sur une technique d'élevage qui est aussi une façon de maîtriser l'espace et le temps.

Format 21×21, 96 pages, album de photos.

"Revenons à nos moutons..." Le journal de NOÉ DE BARRAS Un entrepreneur de transhumance au XVe s.

Jean-Yves Royer

Document inédit, le carnet de route qu'a tenu en 1480 un aristocrate faisant métier d'entrepreneur de transhumance, Noé de Barras, est transcrit, traduit du provençal, et commenté par Jean-Yves Royer, qui le compare à d'autres documents de l'époque.

Format 21×21, 80 pages, iconographie médiévale et fac-simile du carnet de route.

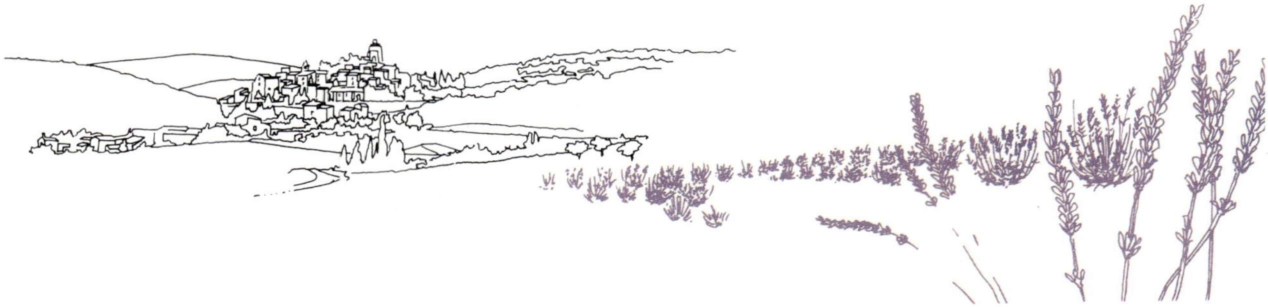

SOCIÉTÉ COOPÉRATIVE AGRICOLE
DES PLANTES À PARFUM DE PROVENCE

SIMIANE-LA-ROTONDE

04150 Alpes-de-Haute-Provence
(en bas du village)

essence de lavande fine
essence de lavandin
essence de sauge sclarée

Ouvert au public du lundi au vendredi de 13h30 à 17h30
Téléphone : 92 75 93 12

L'Occitane
L'Occitane